职业教育课程体系创新规划教材
决胜职业生涯系列读本

职业蓝图

总主编　周骏林

主　编　黎嘉莉　杨慧娟

参　编　陈莉莉　苏　琳　何秀兰
　　　　黎杏玲　陈伟娜　刘建卫

主　审　苏国炎

机械工业出版社

本书从职业院校学生实际出发，通过设计层层递进、形式多样的教学内容，将枯燥乏味的职业生涯规划知识有机地融入学习任务和课堂游戏中去，引导学生尽早树立经营自己职业生涯的意识，帮助其认识自我，认识职业，学会职业决策，合理规划整个职业生涯，提高就业能力。

本书共有三个专题的学习内容，分别是探索职业生涯、设计职业生涯和调整职业规划，最后以撰写个人职业生涯规划书为考核方法，系统、有效地总结学生学习所得，评价教学效果。

本书可作为职业院校就业与创业指导课程的教材，也可供班主任开展班级教育之用，还可供学生自学使用。

图书在版编目（CIP）数据

职业蓝图/黎嘉莉，杨慧娟主编. —北京：机械工业出版社，2012.6（2016.1重印）

职业教育课程体系创新规划教材. 决胜职业生涯系列读本

ISBN 978-7-111-39113-5

Ⅰ. ①职… Ⅱ. ①黎… ②杨… Ⅲ. ①职业选择—中等专业学校—教材 Ⅳ. ①G717.38

中国版本图书馆CIP数据核字（2012）第152736号

机械工业出版社（北京市百万庄大街22号 邮政编码100037）

责任编辑：宋 华　　封面设计：马精明

责任印制：李 洋

北京汇林印务有限公司印刷

2016年1月第1版第3次印刷

184mm×260mm・7.5印张・184千字

4501—5000册

标准书号：ISBN 978-7-111-39113-5

定价：28.00元

凡购本书，如有缺页、倒页、脱页，由本社发行部调换

电话服务　　网络服务

社服务中心：（010）88361066　　教材网：http://www.cmpedu.com

销售一部：（010）68326294　　机工官网：http://www.cmpbook.com

销售二部：（010）88379649　　机工官博：http://weibo.com/cmp1952

读者购书热线：（010）88379203　　**封面无防伪标均为盗版**

前　言

这本书，在于唤起学生直面竞争的斗志，树立经营自己职业生涯的意识。

这本书，在于引导学生分析自身的环境，进行个性职业发展规划。

这本书，在于鼓励学生百折不挠、持之以恒，书写职业生涯传奇。

在这本书里，没有黄金屋，没有颜如玉，也没有现成的一堆堆“馒头”，但至少，它会告诉学生“蒸馒头”的技巧。

这是一个经济迅速发展的时代，这是一个充满竞争的社会。看着一张张反映就业难的图片，一组组让人愕然的就业数据，对于一直成长在蜜罐中的“90后”职校生来说，容易陷入迷茫失措的状态。然而，面对严峻的就业形势，学会直面竞争，寻求机遇，成功找到就业突破口才是当今职业院校学生更应该做的事。

美国成功大师安东尼•罗宾斯提出了一个成功的万能公式：成功=明确目标+详细计划+马上行动+检查修正+坚持到底。从这个公式中不难看出，想要成功首先必须有明确的目标和周详的计划。职业院校学生要成就梦想，就应该尽早树立经营自己职业生涯的意识，认识自我、认识职业、认识教育与职业的关系，学会职业决策；根据职业目标规划整个职业生涯并付诸行动，从知识、技能和综合素质方面打造自己的职业竞争力；行动过程中注意检查修正目标和措施，坚持到底，以百折不挠、持之以恒的态度和毅力去赢得职业生涯的成功。

本书根据职业院校学生实际，设计层层递进的教学内容，将枯燥乏味的职业生涯规划理论知识有机融入各项任务和课堂游戏中去，让学生寓学习于娱乐，从亲身体验中得到启发，主动构建自己的知识体系，并以之指导行为，形成自己独特的方法技巧。最后以撰写个人职业生涯规划书为考核方法，系统、有效地总结学生学习所得，评价教学效果。

本书由周骏林任总主编，黎嘉莉、杨慧娟任主编，苏国炎教授任主审。参加编写的还有陈莉莉、苏琳、何秀兰、黎杏玲、陈伟娜、刘建卫。本书在编写过程中得到了相关领导、老师、同行的支持和指导，参阅了大量文献资料，吸纳了同类教材和有关论著的观点，在此一并表示感谢。由于编者水平有限，书中难免存在疏忽和不妥之处，希望读者不吝赐教，提出宝贵意见，以便在以后的修订中日臻完善。

编　者

目 录

专题一

探索职业生涯

当你迈进职业院校的大门，意味着开启了职业生涯之路。

你梦想过未来的职业吗？你有清晰的目标吗？

正如出外旅行之前你会很自然地带上地图一样，

在职业生涯的开始，为什么不带一张“职业蓝图”呢？

项目一 指路明灯——探索职业生涯和树立职业理想

一、任务布置　二、…　三、…　四、…　五、…　六、…

情景一

他们的差别在哪里

有一年，一群意气风发的天之骄子从美国哈佛大学毕业了，他们即将开始穿越各自的“玉米地”。他们的智力、学历、环境条件都相差无几。在临出校门时，哈佛对他们进行了一次关于人生目标的调查。结果是这样的：

27%的人，没有目标；60%的人，目标模糊；10%的人，有清晰但比较短期的目标；3%的人，有清晰而长远的目标。

在往后的25年，哈佛对这群学生进行了跟踪调查。结果又是这样的：

3%的人，25年间他们朝着一个方向不懈努力，几乎都成为社会各界的成功人士，其中不乏行业领袖，社会精英；

10%的人，他们的短期目标不断地实现，成为各个领域中的专业人士，大都生活在社会的中上层；

60%的人，他们安稳地生活与工作，但都没有什么突出成绩，几乎都生活在社会的中下层；

剩下27%的人，他们的生活没有目标，过得很不如意，并且常常在抱怨他人、抱怨社会、抱怨这个“不肯给他们机会”的世界。

想一想，同是哈佛大学毕业的天之骄子，是什么使他们产生如此大的差别呢？一个人的职业成功并不完全取决于智力、学历和环境，作为一名职业学校的学生，成才的关键是什么？25年后的你又会是怎样的呢？

情景二

新生活从选定方向开始

在非洲撒哈拉沙漠里，有一个名叫比塞尔的小村庄。多年前，这里是一个不为人知、与世隔绝的小村落。当地人很少走出村庄，外面的人也很少来到这里。后来，有一个叫肯莱文的欧洲青年来到比塞尔，建议他们走出沙漠。当地一个叫阿古特尔的青年，年轻力壮，上进好学，在肯莱文的建议下费尽周折，历经磨难，终于用三天就走出了沙漠。在此之前，比塞尔人曾经多次试图走出沙漠，但每一次都绕回了原地。原来，比塞尔人没有使用任何导航工具，由于人两侧肌肉发达程度有差异，会在不知不觉中走出一个朝左拐的弧形，而且拐的幅度会越来越小，最后就走成了卷尺螺旋状曲线，回到原点。但阿古特尔凭着导航工具，明确方向，坚持不懈，最终找到了出路。此后，村里的人走出去，村外的人走进来，比塞尔成了一个远近闻名的旅游胜地。人们在村子中央的广场上设立了一个阿古特尔铜像，铜像的基座上刻着一句话：新生活从选定方向开始。

同学们，在自己的职业生涯中会不会也出现“兜圈子”的情况呢？如何避免？

知识目标：激发个人职业生涯规划的意识，理解职业理想的含义、特点和作用，树立远大的职业理想。

任务一

任务实施

生涯列车，欢迎进站

这是一辆神奇的列车，它可以带着你回忆过去，畅想未来。孩童时的你纯真烂漫，如今的你满腔热忱，展望未来踌躇满志……属于你的生涯号列车正在驶来，欢迎进站！

任务描述

踏上生涯号列车，奏响《未来狂想曲》，完成任务书Ⅰ。

任务书Ⅰ：《生涯列车，欢迎进站》

第一站：过去时——懵懂的我

样子：

外号：

与小同伴们玩角色扮演，我曾扮演过：

小学老师问：你的志愿是什么？我的回答是：

依稀记得童年的趣事还有：

第二站：现在时——如今的我

爱好：

特长：

性格：

志向：

座右铭：

第三站：将来时——未来的我

几年后毕业了，走出校门之际，我对自己说：

毕业五年后，我的生活将会是：

毕业十周年纪念日回母校看老师，我对老师说：

毕业二十周年同学聚会上，我高举酒杯，对大家说：

人生奋斗三十年，从不枉过，在我的退休欢送会上，我发表感言：

职业理想，生涯导航

任务二　任务实施

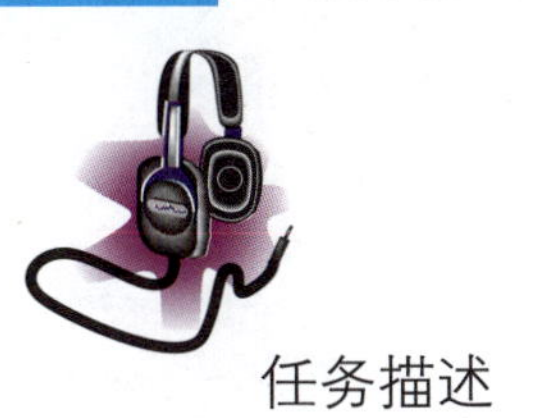

任务描述

生涯号列车承载着理想与热情贯穿职业生涯的始终，你希望列车开往哪里？树立一个“职业理想”标杆，有助于引导生涯号列车顺利驶向理想的彼岸。树立职业理想，从认识其含义、特点和作用开始。

请同学们分组合作，完成任务书Ⅱ。

任务书Ⅱ：《职业理想，生涯导航》

<table>
<tr><th rowspan="2">任务</th><th rowspan="2">任务要求</th><th colspan="3">任务实施</th><th rowspan="2">得分</th></tr>
<tr><th>组别</th><th colspan="2">题目</th></tr>
<tr><td rowspan="12">认识职业理想的含义、特点和作用</td><td rowspan="4">分组完成指定的任务</td><td>第一组</td><td colspan="2">剖析职业理想的含义</td><td></td></tr>
<tr><td>第二组</td><td colspan="2">分析职业理想的特点</td><td></td></tr>
<tr><td>第三组</td><td colspan="2">举例说明职业理想对人生发展的作用</td><td></td></tr>
<tr><td>第四组</td><td colspan="2">举例说明职业理想对社会发展的作用</td><td></td></tr>
<tr><td>根据任务完成情况，派代表进行汇报</td><td colspan="3">本组汇报题目：
汇报要点：</td><td></td></tr>
<tr><td rowspan="4">摘录其他组汇报要点</td><td>组别</td><td>汇报题目</td><td>摘录要点</td><td></td></tr>
<tr><td></td><td></td><td></td><td></td></tr>
<tr><td></td><td></td><td></td><td></td></tr>
<tr><td></td><td></td><td></td><td></td></tr>
<tr><td colspan="2">师生总结</td><td colspan="4"></td></tr>
</table>

任务三 任务实施

步步为营，树立理想

著名寓言作家克雷洛夫曾作过一个精彩的比喻：“实现是此岸，理想是彼岸，中间隔着宽敞的河流。行动则是架在川上的桥梁。”叩开职业理想的大门，重要的是持之以恒的奋斗。职业院校学生必须认识实现职业理想的持久性和艰巨性，从眼前的具体事情做起，一步一个脚印，为实现职业理想而奋斗。本任务要求同学们树立明确、科学的职业理想。

任务描述

结合自身实际，根据任务指引，完成任务书Ⅲ。

任务书Ⅲ：《步步为营，树立理想》

<table>
<tr><th>任务</th><th>任务指引</th><th>任务实施</th></tr>
<tr><td rowspan="2">树立明确、科学的职业理想</td><td>Step1：明确我的职业理想</td><td>☆ 墓志铭测试法
玛丽莲梦露墓志铭：
37
22
35
RIP
三个数字是梦露的胸围、腰围和臀围的英寸数，缩写字母的意思是在此长眠。死者生前最大的嗜好是爱美，她用数字将自己十分钟爱的形体永久记录了下来。
想象自己离开了这个世界，而墓碑上刻了一段话，当亲友来扫墓时，看到它就会想到“我”是一个怎样的人，“我”为这个世界做了什么样的事情。
同学们，也许以上所述就是“我”的职业理想，是吗？</td></tr>
<tr><td>Step2：审视我的职业理想</td><td>☆ “我”的职业理想是否具有实现的主观条件？（能力倾向、个性特点、身体状况等）
____
____
☆ “我”的职业理想是否具有实现的客观条件？（社会环境、经济发展、法律法规、道德公理等）
____
____
☆ 如果“我”对以上两个问题的回答并不乐观，该怎么办？
____
______________________</td></tr>
<tr><td colspan="2">师生总结</td><td></td></tr>
</table>

我的放大镜

知识点一：职业理想的含义

职业理想是人们在职业上依据社会要求和个人条件，借助想象而确立的奋斗目标，即个人渴望达到的职业境界。

职业理想是人们对未来所从事的职业向往和追求。它包括两个方面：一是人们希望自己能选择一种理想的职业，找到一份理想的工作；二是希望自己在工作和职业活动中达到理想的境界，取得理想的成绩。

知识点二：职业理想的特点

1. 职业理想具有差异性

职业是多样性的，一个人选择什么样的职业，与他的思想品德、知识结构、能力水平、兴趣爱好等都有很大的关系。政治思想觉悟、道德修养水平以及人生观决定着一个人的职业理想方向；知识结构、能力水平决定着一个人职业理想追求的层次；个人的兴趣爱好、气质性格等非智力因素以及性别特征、身体状况等生理特征也影响着一个人的职业选择。因此，职业理想具有一定的个体差异性。

2. 职业理想具有发展性

一个人职业理想的内容会因时因地因事的不同而变化。随着年龄的增长、社会阅历的增加、知识水平的提高，职业理想会由朦胧变得清晰，由幻想变得理智，由波动变得稳定。因此，职业理想具有一定的发展性。

3. 职业理想具有时代性

社会的分工、职业的变化是影响一个人职业理想的决定因素。生产力发展的水平不同、社会实践的深度和广度的不同，人们的职业追求目标也会不同，因为职业理想总是一定的生产方式及其所形成的职业地位、职业声望在一个人头脑中的反映。

知识点三：职业理想对人生发展的作用

1. 确定职业选择的方向

职业理想是职业选择的向导。在人生道路上，人们通过职业活动来追求精神生活、物质生活水平的提高，追求人生价值的实现，追求社会对自己的认同。因此，想实现自己的职业理想，首先必须选择一个与之相适应的职业。由于职业理想是人们对未来职业的向往，在选择职业的过程中，一旦确立了明确、科学的职业理想，就会朝着实现这一理想的方向去努力。

2. 增强人生前进的动力

职业理想作为一种可能实现的奋斗目标，是人们实现职业愿望的精神支柱和力量源泉。职业理想一经确立，就会激励人们为之付出孜孜不倦的努力，焕发积极性和创造性的内驱力，凝聚无坚不摧的精神力量，以坚定意志来获取事业的成功。

3. 激励人生价值的实现

人生价值分为自我价值和社会价值两个层面。个人的生存、发展是个人适应社会、融入社会、改造社会的过程，是在推动经济、社会发展过程中的自我完善。无论从什么角度去体现人生价值，总要依托某一职业，对职业理想的追求，必然促使人生价值的实现。志不立，天下无可成之事。立志，是人生的起跑点，反映着一个人的理想、胸怀、情趣和价值观，影响着一个人的奋斗目标及成就的大小。

知识点四：职业理想对社会发展的作用

1. 职业理想是社会进步的助推器

人的一生，不仅作为个体而存在，而且又作为社会的一员而存在。明确、崇高的职业理想在促使个人进步的同时，也对社会产生重大的影响。社会的发展，是在人们不断地追求和实现职业理想的奋斗中前进的，因而，崇高的职业理想是社会进步的助推器。作为未来社会发展的潜在动力，我们必须树立明确的职业理想，培养良好的职业道德，掌握从业的技能特长，以出色的工作、优质的产品和服务，为企业赢得效益，为社会作出贡献，成为企业、社会可持续发展的重要推动力量。

2. 职业理想是实现社会理想的基础

社会理想指人们对未来社会制度和政治、经济结构的追求、向往和想象，是对社会实现及其发展的希望和憧憬。我们对全面建设小康社会、构建和谐社会的追求，对共产主义的向往，就是社会理想。

职业理想和社会理想相互影响：一方面，人的社会理想需通过具体的职业理想的确立和职业活动而实现，因此，职业理想是实现社会理想的基础，树立正确的职业理想有助于促进社会理想的实现；另一方面，人们对社会理想的追求引导着人们在职业活动中付出更多的努力，也就是说，社会理想影响和制约着职业理想。

知识点五：如何树立正确的职业理想

1. 了解自己——你能做什么

古语说：知己知彼，百战不殆。思考我们的职业未来，必须从自身出发，在全面认识自己的基础上进行合理的定位。全面认识自己：一是“我的生理特点”，包括性别、身高、体重、视力、健康状况、体质和相貌等；二是“我的心理特点”，包括兴趣、气质、性格特点、人格类型和道德品质等；三是“我的能力水平”，全面认识自己的学习水平和将来可能达到的状态；四是“与理想之间的差距”，正确对待自己的身心特点、学识能力与未来职业需要之间的差距等。

2. 了解职业——要你做什么

并非所有的职业都适合你，你也并非能胜任所有的职业岗位。每种职业都有与之相适应的职业能力要求。除了具备观察、思维、表达、操作、公关等一般能力，一些特殊行业还有特殊要求。例如，对于会计、出纳、统计、工业药剂师等职业来说，从业人员必须具备很强的计算能力；与图纸、建筑、工程等打交道的工作，以及牙科医生、内外科医生等职业，对空间判断能力的要求较高；对于图形的阴暗、线的宽度和长度能作出视觉上的区别和比较的人，就能够从事美术、电器修理、动植物检疫等工作。因此，有选择地、有针对性地培养自己的能力，主动去适应并接受职业岗位的挑战是十分重要的。

3. 了解社会——让你做什么

职业的存在和发展与社会的需求是紧密联系的。了解社会的需求是成功择业并就业的关键。首先要了解目标职业的社会需求量，有的职业有很高的社会名望，但需求量很少；有的职业不为多数人看好，但有发展前途，且需求量较大。其次要考虑目标职业的竞争状况，在其他条件一定的情况下，竞争越大，就业的概率越小。社会地位高、工作条件好、工资待遇优的职业，想要谋取的人数多，相应地竞争就较大。再次，要关心职业发展趋势，有些职业一时需求量大，竞争激烈，但随着社会的发展将日趋衰落；有些职业暂时处于被冷落状况，但随着社会的发展会日益兴旺。

4. 树立正确的人生观

不同的人生观会产生对人生的不同看法和不同态度，从而会导致人们选择不同的人生道路。由此可见，持不同人生观的人，其职业理想也一定不同。正确的人生观会产生正确的职业理想，错误的人生观则会产生错误的职业理想。因此，要根据时代的要求，根据社会发展的要求，坚持以辩证唯物主义和历史唯物主义的立场、观点和方法看待人生，加强学习，不断提高自己的思想觉悟，提高自己的综合素质，完善自我，树立正确的价值观、苦乐观、幸福观、荣辱观，进而树立为人民服务的正确的人生观。

5. 树立正确的职业观

职业观是人们在选择职业与从事职业所持的基本观点和基本态度。其具有三个基本要素：一是维持生活，二是发展个性，三是承担社会义务。在三个基本要素中哪一个要素占主导地位，将决定一个人职业观的类型与层次。正确的职业观是把三个基本要素统一起来，以承担社会义务作为主导方向。

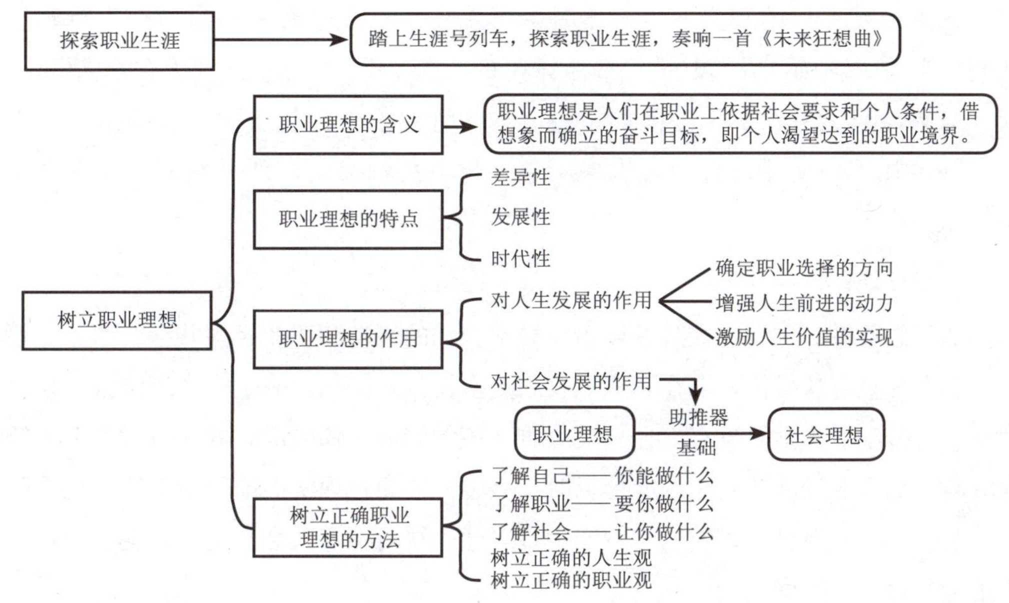

职业理想 ≠ 理想职业

大部分初涉职场的人，心中都会充满对美好生活的向往，而当他们积极投入到现实中时，却发现理想往往会令人失望。我们身边有不少人每天都在为实现理想而努力，他们因理想而精彩，他们的理想为这个世界增添了积极的能量。可还有这样一批人，将生活和工作看得过于理想化，结果令自己总是面临失望、挫折，甚至是消沉。当理想遭遇现实，应如何将“职业热忱”进行到底，是每一位职场人都在思考的问题。

兴趣VS职业：只能选其一

爱莎是某时尚杂志的服装记者。她爱时尚、爱逛街，不少朋友都很羡慕她的职业，上班时翻阅时尚杂志是“最正经的活儿”。然而爱莎却有不同的想法：“刚开始接触这行时，的确感觉相当兴奋，每天上班心情都非常愉悦。可是时间长了，我开始感到困惑和不安。”“以前购物和翻看时尚杂志都属于兴趣和消遣，然而现在目的和出发点却全是为了工作。你试过看一本时尚杂志看到想吐吗？就是那种感觉。没有了那种休闲的心情，眼睛光盯着别人的选题和排版，与兴趣再无关联。”爱莎如是说。如今她每次去服装店挑衣服都是为了模特，她说在工作之外，自己再也提不起兴趣去接触那些在别人看来“既兴奋又美好”的事了。

专家点评：

如果想要做出成绩或在某领域出类拔萃，你的兴趣和职业必须共存，而且必须一致，因为只有这样你才会在职业上投入更多精力。例如，一个核物理学家如果对数学、电磁学、光学等没有兴趣，是很难在该领域做出伟大成就的。有时二者会暂时分离，如职业发展遇到瓶颈或挫折时，兴趣或理想在现实面前可能会变得比较脆弱，这会让人对自己感兴趣的职业产生倦怠感，这时很多人会产生“兴趣和职业是否适合共存”的困惑。

面包VS梦想：何去何从

小贝大四快毕业了，她读的是数学系。从小她就很喜欢数学，无论考试还是奥数比赛成绩都不错。但面临毕业，她却很苦恼：数学系的招聘需求很少，看了不少招聘网站，没有几个企业是要这个专业的。她开始往一些跟数学有关的行业去挖掘：分析师、市场助理、货仓核算……还是找不到十分吻合的。看看同学们，有人准备考研，暂避求职的现实，有的打算进学校当数学老师，更多的直接去找毫不相关的行业……小贝现在很迷惘，马上要进入社会，还不知道找什么职业。有同学说，现在做医疗器械销售油水多，只要肯努力，比其他毕业生的收入都高，也有亲戚告诉她，想找个自己人当会计来记账。赚多些钱还是安稳一些？还是继续寻找与数学有关的职业呢？迷惘的小贝每日都感到煎熬。

专家点评：

如果条件允许，建议初入职场的毕业生选择自己感兴趣的职业，因为知识是可以快速补充起来的，而培养兴趣需要漫长的时间，而且与个人性格有关系。理想与现实之间往往有很大的差距，理想能让你在纷扰的现实之中找到正确的前进方向。

细化职业理想更易实现

正确的职业理想是建立在认识自己能力、设定合理目标的基础上的，否则它将成为“海市蜃楼”，你永远无法达到。那什么样的职业理想才是适合的呢？要怎样设定自己的理想？

首先，要认清现实。设定自己的职业理想时要根据自己的能力和外部环境来综合确定，如果自身知识和技能都比较低，而且外部环境也不容许自己投入大量金钱和时间提高充实自己时，不妨设一个较低的目标，一旦目标实现，对个人自信心的提升将很有帮助，否则你将在不断的挫折中成长，时间长了你的自信心将严重受挫。

其次，要设定多个阶段。职业理想要分多个阶段，例如想成为公司独当一面的高级领导，你就要为自己设定详尽的职位路线图，例如何时晋升为主管、经理、总监等，这样你才能感觉到你离自己的理想越来越近了。

最后，不断细化对理想的描述。职业理想不能永远都是个虚无缥缈的东西，你要把你对职业理想的描述写下来，然后和现在的实际情况进行对照，看哪些是你已经具备的，哪些是你目前还不具备的，这样你的目标将更加具体和集中，也更能让你达到职业理想。

目前很多职场人士对自己的工作都不满意，因此很多人的跳槽频率很高，其实这都是由过于理想化的“职业理想”造成的。如果你将要选择的工作是实现“职业理想”的必经之路，那么你就要用心做好本职工作，哪怕是最基础的岗位，因为基础越扎实，以后的职业发展将越顺畅。“朝三暮四、挑肥拣瘦、应付了事”的心态，都将使你失去实现理想的机会，进而让你永远处于“过于理想化”的状态。

你言我语

《任务完成评价表》

班级 ______ 组长 ______ 组员 ______

____年___月___日

今天，在课堂上 1. 我们新学了________________； 还未弄懂的地方是________________。
2. 我最感兴趣的地方是________________； 我表现最棒的地方是________________。
3. 在小组协作、讨论中，对小组有最大贡献的同学是________________ ________________。
4. 老师和其他同学给我们的评语是________________； 我们今后需要改进的地方是________________。
5. 关于这部分内容，我们还有一些自己的想法，希望老师知道的是：________________ ________________。

我思我想

有人说，“志不立，天下无可成之事”。你对这一观点是怎样看的？

____

____

____

测试你对未来的期望

如果有一天上帝告诉你，给你一个死后重生的机会，你希望变成下列何种生物？

A. 不会动的植物　　B. 会飞的动物

C. 细菌　　D. 会游水的动物

E. 在地上跑的动物

分析：

A. 你的特性就是安定，或许是个性使然，让你比较不会和其他人一争长短，你似乎没有什么事业心，在你的心中家庭、朋友、爱情更胜于你的事业。

B. 你一向有着旺盛的企图心，对于未来有着伟大的计划与旺盛的雄心，企图能闯出一番天地，能力足够的你只要能努力，必定能成功。

C. 你是一个有责任感的人，对于本身的工作范围一定会尽力去做好，你的责任感让大家放心地将重要的工作交给你，虽然不是大红人，但却是一个主力。

D. 你是一个富有创造性的人，所以你也比较希望往这方面去发展，走艺术道路也许能让你拥有属于自己的一片天空。

E. 踏实的个性，使你觉得工作是生活的工具之一，合乎兴趣的工作才是事业，唯有将自己所长以及所爱的兴趣与工作相结合，作最好的搭配组合，才能称做事业。

有的人想做科学家，有的人想当专业技术人员，有的人想从事销售职业……大家的想法各不相同。请结合所学专业，谈谈自己的职业理想。为了更好地实现职业理想，你现在要做哪些准备工作？

项目二 扬帆起航——认识职业生涯规划含义和意义

一、任务布置 二、… 三、… 四、… 五、… 六、…

情景一

职业规划，从“早”做起

小清是某职业学院电子信息技术专业2011届毕业生。在校成绩属于中等，专业获奖不多，但他在就业过程中可谓一帆风顺，先后收到移动、电信、联通、邮政等众多同学们梦寐以求的大型国有企业的面试和录用通知书。最终该生选择签约中国移动通信集团有限公司广东分公司，成为同学们羡慕不已的就业“幸运儿”。小清为什么可以如此顺利地就业呢?

小清的成绩在同年级同学中仅算中等，学业方面的获奖不多，是普通同学眼中的“中等生”而绝非“优秀生”。但是该生比其他同学更早进行了职业规划，积极从事社会实践，锻炼了良好的交流沟通和组织协调能力，且工作态度好，责任感强。

早在大学一年级时，小清即开始进行职业规划，经过自我评估和环境评估后，他确定了把电信、移动、联通等电信方面的龙头企业作为就业的目标。于是他从大二开始就关注电信、移动、联通等企业的招聘信息及招聘要求，在学习专业课程之余，主动自学，补充企业所需相关知识，注重实践和动手能力的培养，积极主动到相关企业实习、见习。此外，他还随时关注了解电信行业的发展动态、企业文化等。毕业前夕，他便积极了解招聘流程，通过各种渠道了解面试注意事项和面试技巧等。等他毕业参加招聘面试时，可谓准备充分、如鱼得水，每次均通过笔试、一面、二面、三面并进入最后考察阶段。虽处于2011年严峻的就业形势之中，小清却充分掌握了就业主动权。最后，小清在权衡各方面因素之后，选择签约中国移动通信集团有限公司广东分公司。

小清这位“幸运儿”之所以幸运的理由在于什么？如何才能成为企业招聘的“抢手货”？

情景二

好的规划是成功的一半

小林在某职业技术学校学习商贸日语专业毕业后，被劳务输出去了日本三年，在日本做蓝领工作。回国不久，她想成为一名光鲜的白领。她给自己制定了职业计划：找一家日资企业工作，以使自己在工作中能用到日语，不计较薪水高低，在业余时间进修日语和办公自动化，考取日语二级证书。等日语读写都有一定水平后，找一份日语翻译或办公室文员的工作，在工作中锻炼各方面能力，熟悉日资企业的企业文化及管理理念。业余时间，继续深造，读成人行政管理专业本科，提升自身素质。等本科毕业后，在日资企业寻找总裁秘书、行政管理类职位。

两年过去了，小林已经考取了日语二级，在一家日资大公司做日语翻译，同时也考取了某著名大学的本科。已取得不错成绩的小林还将继续向着目标努力，现在的她整个人充满自信，谈到和她一起去日本的姐妹，有的还在流水线上忙碌，有的结婚后就在家带孩子，与她相差实在太大。

小林的案例给你什么启发？她为什么能成功？

知识目标：理解职业生涯规划的含义，意识到进行职业生涯规划的重要性。

剖析职业生涯规划的含义

任务一 任务实施

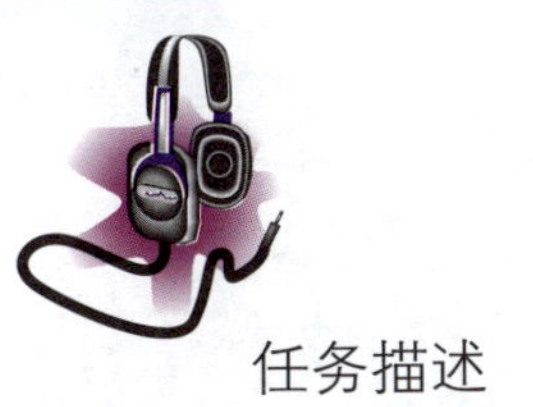

当你对自己的人生有所思考时，你就已经开始生涯觉醒，此时的你可能要急迫地规划自己了。但是先不要忙，现在你要开始了解一下生涯与职业规划的含义和特性。

任务描述

自学职业生涯规划的含义和特性，完成任务书Ⅰ。

任务书Ⅰ《剖析职业生涯规划的含义和特性》

任务	任务要求	任务实施
剖析职业生涯规划的含义和特性	认识“职业生涯”的含义	什么是“职业生涯”？ ☆ 一般可以认为，我们的职业生涯： 开始于____________，终止于____________。 ☆ 谈一谈，你的职业生涯开始了吗？ ________________ ________________
	填写完整“职业生涯规划”的含义	什么是“职业生涯规划”？ 职业生涯规划的目的是什么？ ☆ 想一想，你有否试过规划自己的职业生涯？真正的“规划”与“浮想”的差别在哪里？ ________________ ________________
	归纳“职业生涯规划”的特性	1. ________________ 2. ________________ 3. ________________ 4. ________________
师生总结		

任务二

任务实施

认识职业生涯规划的重要性

凡事预则立，不预则废。人生成功的秘密在于机会来临时，你已经准备好了！目前就业形势相当严峻，步入职场前充分认识自我，做好人生的第一份职业设计显得非常必要。本任务要求同学们通过案例学习，感悟职业生涯规划的重要性。

任务描述

分析各案例，总结归纳出职业生涯规划的重要性，完成任务书Ⅱ

任务书Ⅱ《认识职业生涯规划的重要性》

<table>
<tr><th>任务</th><th>任务要求</th><th colspan="2">任务实施</th><th>所思所想</th></tr>
<tr><td rowspan="3">认识职业生涯规划的重要性</td><td rowspan="2">分析案例</td><td>案例一</td><td>冲出一事无成的阴霾</td><td rowspan="2"></td></tr>
<tr><td colspan="2">将要大专毕业的小蔡面临着就业的困难。在校学习三年，他的专业学习成绩并不理想，性格软弱、多虑。班组活动时，他总是躲在角落静静地观察同学们的行动，默默地听着老师们和同学们的对话，而从不发表一言。在同学们的眼中他注定是一个一事无成的人。走到了择业的十字路口，小蔡显得非常彷徨痛苦。就业指导老师发现了小蔡的心事，主动找到他，提议他先做一份职业生涯规划，试着从规划中发现自我，定准方向。在老师的引导下，小蔡借助多种职业生涯规划的工具，对自我状况作了全面的分析，发现自己虽不善言辞却善于观察，虽犹豫多虑却心思缜密。发现了自己的长处，小蔡显然有了信心。他四处调研，锁定自己适合从事的职业群，了解相应岗位的要求，有针对性地向企业投递简历。经过反复面试，最后他被一个杂志社聘请为文字校对员。</td></tr>
<tr><td>总结归纳</td><td colspan="3">☆ 想一想，小蔡成功就业的关键是什么？给你什么启发？
______
______
______

职业生涯规划的重要性：
______
______
______
______
______
______</td></tr>
</table>

<table>
<tr><td rowspan="3">认识职业生涯规划的重要性</td><td rowspan="2">分析案例</td><td>案例二</td><td>小凯的阶梯目标</td><td>所思所想</td></tr>
<tr><td colspan="2">每一次同学聚会，小凯都喜欢讨论一个问题：将来的目标是什么？得到的答案总是不相同。下面记录的是小凯每次谈及目标的原话：
18岁，高中毕业典礼上：“我发誓要当李嘉诚第二！我要当中国首富！”
20岁，春节老同学团聚会上：“我想创立自己的公司，30岁时拥有资产2000万。”
23岁，在某工厂当技术员，第二职业是炒股：“我正在为离开这家工厂而奋斗，因为在这里工作太没前途了。我将全力炒股，三年内用5万炒到300万元。”
25岁，炒股失意而情场得意，开始准备结婚：“我希望一年后能有10万元，让我风风光光地结婚。”
26岁，不太风光的结婚典礼上：“我想生一个胖小子，不久的将来当个车间主任就行，别的不想了。”
28岁，所在的工厂效益下滑，偏偏正是妻子怀胎十月的时候：“我希望这次下岗名单里千万不要有我的名字。”</td><td></td></tr>
<tr><td>总结归纳</td><td colspan="3">☆ 议一议，从上面的小故事可以看出，小凯碌碌无为的原因在哪里？他有否对自己的人生进行合理的规划？

职业生涯规划的重要性：</td></tr>
</table>

<table>
<tr><td rowspan="2">认识职业生涯规划的重要性</td><td>分析案例</td><td>

案例三	重新规划，走上健康的职业发展之路

张某，大专毕业后进入一家不知名的国企工作。六年后，该企业发展成国内具有相当知名度的大型企业，而张某也成为这家企业最年轻的管理人员。就在事业如日中天之时，张某突然离职，在没有全面评估投资环境的情况下决定与朋友合作创业，结果一年后因亏损严重，公司倒闭。遭遇挫折后的张某陷入迷茫。

后来在朋友的帮助下，张某从猎头公司那里第一次听说了“职业生涯规划”一词。回顾过去，他发现曾经取得优秀业绩的自己以为无所不能，低估了职业变化的风险，更重要的是当时在没有全面分析社会、行业等环境的情况下，轻率地选择了投资对象，走上了不适合时势的创业之路。

张某在猎头公司的帮助下制定了自己的职业发展规划，逐步清楚地认识了自身条件，全面地分析了社会环境、行业特点，慎重地选择了职业，重新走上了健康的职业发展之路。
</td><td>所思所想</td></tr>
<tr><td>总结归纳</td><td colspan="2">

☆ 谈一谈，“职业生涯规划”对张某来说意义何在？

职业生涯规划的重要性：
</td></tr>
</table>

<table>
<tr><td rowspan="8">认识职业生涯规划的重要性</td><td rowspan="2">分析案例</td><td>案例四</td><td>小婷的失败经历</td><td>所思所想</td></tr>
<tr><td colspan="2">小婷立志成为一名优秀的英语翻译人员，她对学习语言的兴趣十分浓厚，通过刻苦的学习锻炼，她掌握了一口流利的英语。大专毕业那年，她怀着对翻译工作的无限向往，凭着过硬的语言功底获得了某外企的面试机会。面试中，小婷在英语听、说、写各方面的表现均非常突出，经过重重考验，进入最后一轮面谈，考官一针见血地发问：“你的理想是成为一名优秀的翻译员，你打算用多少时间去实现？如何实现？”小婷顿时答不上话。事实上，小婷只知道自己从小就对英语感兴趣，立志要成为优秀的翻译员，却没有真正地思考如何去实现。考官对小婷可持续发展的能力产生了质疑，他建议小婷马上进行规划，运用科学的方法，采取可行的步骤与措施规划职业。最后，小婷虽然失去了工作的机会，却上了人生重要的一课。</td><td></td></tr>
<tr><td>总结归纳</td><td colspan="3">☆ 谈一谈，小婷在这次失败的求职经历中学习到了什么？
____
____
职业生涯规划的重要性：
____
____
____
______________________________</td></tr>
<tr><td rowspan="2">分析案例</td><td>案例五</td><td>小赵的苦恼</td><td>所思所想</td></tr>
<tr><td colspan="2">小赵是某中专2008年信息技术专业的毕业生，他的理想是做一名优秀的网络工程师。怀着对未来的美好向往走上求职之路，然而他发现个人目标和现实有不少的差距。后来经推荐他来到某单位实习。工作难度不大却异常繁琐，如打字、复印、装订、分发文件、端茶递水等。不久，小赵觉得自己在单位只不过是“打杂”的，于是就与第一份工作说“再见”了。后来，小赵从网上和报纸上寻找自己感兴趣且待遇不错的工作，但招聘要求要么是要名牌大学的本科生甚至研究生，要么就是要求有两年工作经验，小赵感到非常苦恼。</td><td></td></tr>
<tr><td>总结归纳</td><td colspan="3">☆ 想一想，你能给小赵一些建议吗？想要清楚个人目标和现实的差距、并从差距中找到前进的方向和动力，我们应该怎样做呢？
____
____
职业生涯规划的重要性：
____
____
____
______________________________</td></tr>
</table>

我的放大镜

知识点一：职业生涯与职业生涯规划

职业生涯就是一个人的职业经历，是指一个人一生中所有与职业相联系的行为与活动，以及相关的态度、价值观、愿望等连续性经历的过程，也是一个人一生中职业、职位的变迁及工作、理想的实现过程。简单说，职业生涯就是一个人终生的工作经历。一般可以认为，职业生涯开始于任职前的职业学习和培训，终止于退休。职业生涯是一个动态的过程，它并不局限于职业上成功与否，每个工作着的人都有自己的职业生涯，我们选择什么职业作为我们的工作，这对于每个人的重要性都是不言而喻的。

职业生涯规划，又叫职业生涯设计，是指个人与组织相结合，在对一个人职业生涯的主客观条件进行测定、分析、总结的基础上，对自己的兴趣、爱好、能力、特点进行综合分析与权衡，结合时代特点，根据自己的职业倾向，确定其最佳的职业奋斗目标，并为实现这一目标作出行之有效的行动计划。简单地说就是规划开始工作到退休的整个职业历程。职业生涯规划的目的绝不仅是帮助个人按照自己的资历条件找到一份合适的工作，达到与实现个人目标，更重要的是帮助个人真正了解自己，为自己定下事业大计，筹划未来，拟定一生的发展方向，根据主客观条件设计出合理且可行的职业生涯发展方向。

知识点二：职业生涯规划的特性

良好的职业生涯规划应具备以下特性：

（1）可行性：规划要有事实依据，并非是美好的幻想或不着边的梦想，否则将会延误规划良机。

（2）适时性：规划是预测未来的行动，确定将来的目标，因此各项主要活动，何时实施、何时完成，都应有时间和时序上的妥善安排，以作为检查行动的依据。

（3）适应性：规划未来的职业生涯目标，牵涉到多种可变因素，因此规划应有弹性，以增加其适应性。

（4）持续性：人生每个发展阶段应能持续连贯衔接。

知识点三：职业生涯规划的意义

（1）通过职业生涯规划，确立人生的方向，使自己的职业理想更科学、更有针对性和可行性。

（2）通过职业生涯规划，正确认识自身的个性特质、现有与潜在的资源优势，并与劣势进行对比分析，有助于扬长避短地发展自己。

（3）通过职业生涯规划，前瞻与实际相结合地对职业进行定位，搜索或发现新的或有潜力的职业机会。

（4）通过职业生涯规划，评估个人目标与现实之间的差距，明确前进的方向，不断提升职业核心能力。

（5）通过职业生涯规划，学会如何运用科学方法采取可行的步骤与措施，不断提升应对竞争的能力，适应社会发展的要求。

我的记事本

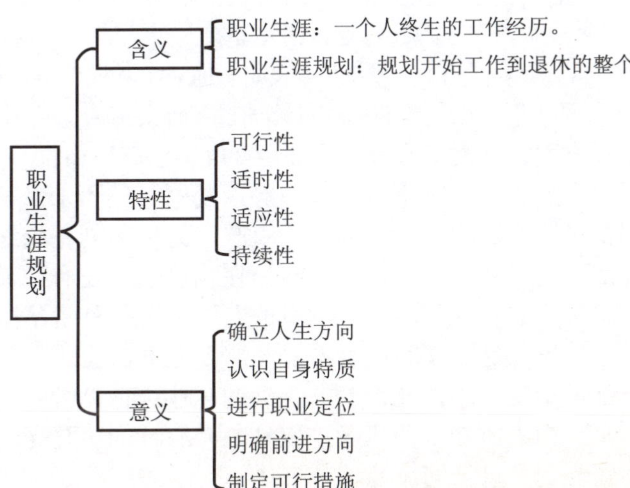

我的储蓄罐

诸葛亮的个人"职业生涯规划"

东汉三国时期，群雄逐鹿，人才辈出。与绝大多数怀才不遇者的思维定势相反：长期隐居南阳草庐的诸葛亮一出山就投靠了当时最为势单力薄的刘备并终生为其奔走效力。在为刘备作出杰出贡献的基础上，诸葛亮实现了个人事业的成功——这归根结底取决于诸葛亮近乎完美的职业选择策划。

首先，诸葛亮的个人职业发展定位非常清晰。诸葛亮自幼胸怀大志，始终以春秋战国时期两位著名的最高参谋管仲、乐毅为个人楷模，立誓要成为他所处时代杰出的"谋略大师"，为光复汉室贡献力量；同时，诸葛亮也非常清楚：他自己长期积累的才干已具备了实现职业目标的可能。

其次，从"应聘"对象选择上看，诸葛亮也独具慧眼：曹操已经统一了半个中国，实力雄厚，最有资格挑战全国统治权；孙权只求偏安自保；而势力最为弱小的刘备却具备快速成长为与曹操、孙权三足鼎立乃至在此基础上一统天下的可能性。

原因在于：第一，刘备始终坚持光复汉室的理想并在全国赢得了一批支持者——这与诸葛亮的个人价值观吻合；第二，刘备品性坚韧顽强，敢于与任何强大的敌人对抗；第三，刘备待人宽厚谦和，团队凝聚力超强；第四，刘备是汉朝皇族后裔，具备名正言顺继承"大统"的资格——以上条件恰恰是刘备增值潜力最大的资源且其他诸侯很难模仿、替代。此外，还有一个非常重要的原因：到赤壁之战前夕，曹操和孙权两大集团都已人才济济、颇具规模，诸葛亮若去投奔，最多也只能成为一名"中层管理人员"；而刘备集团当时主要由一些武将构成，高级参谋人才奇缺，诸葛亮完全有可能被破格提拔进入"最高领导层"。

再次，在"应聘"准备和"应聘"实施方面，诸葛亮更是做得登峰造极。

在个人推销方面，诸葛亮通过躬耕陇亩给外界留下踏实肯干的印象；同时，他还作了一篇《梁父吟》，含蓄地表明心志；此外，诸葛亮在与外人言谈中每每自比管仲、乐毅，一方面宣传了个人的卓越才华，另一方面也表明了他对"和谐双赢"的君臣关系的向往——诸葛亮个人才能和求职意向等重要信息最终通过各种渠道传递到了刘备那里。

在应聘临场发挥方面，诸葛亮在完全私密性的"隆中对"时，通过逻辑严谨的精彩表述充分展现了个人对国内军事、政治形势以及刘备集团未来发展战略的全面而深入思考，令刘备对这个27岁的年轻人大为叹服。此后，刘备始终待诸葛亮为上宾，全部重大决策都要与其共同协商探讨，甚至在临终之时还有托孤让位之举；诸葛亮也始终对刘备忠诚一心，鞠躬尽瘁。深厚的君臣情谊是刘备集团后来事业蓬勃发展并最终与曹操、孙权三足鼎立的重要因素，被传为千古佳话。

诸葛亮是昔日乱世中的一个孤儿，若非正确的职业选择助力，很可能已淹没在历史的尘埃之中，永不为人所知。但积极进取且颇有心计的诸葛亮通过在职业选择上的完美谋划，彻底改变了自己的命运。

你言我语

《任务完成评价表》

班级 ______ 组长 ______ 组员 ______

___年___月___日

今天，在课堂上： 1. 我们新学了______________________； 还未弄懂的地方是______________________。
2. 我最感兴趣的地方是______________________； 我表现最棒的地方是______________________。
3. 在小组协作、讨论中，对小组有最大贡献的同学是______________________。
4. 老师和其他同学给我们的评语是______________________； 我们今后需要改进的地方是______________________。
5. 关于这部分内容，我们还有一些自己的想法，希望老师知道的是：______________________ ______________________。

我思我想

结合自身实际，说一说职业生涯规划对于你来说最大的意义在哪里？

____

____

____

____

____

____

游戏：《撕思人生》

每位同学手上都有一张白纸条，纸条的一端代表你的诞生时刻，纸条另一端则表示你人生的尽头，请你根据指令完成每一步。

① 在纸条适当的位置上标注出你现在的年龄，并将这之前的部分撕下来；

② 在纸条适当的位置上标注出你想功成名就的年龄，并将这之后的部分撕下来；

③ 在剩下的线段下方写出你认为以后的人生中最迫切想要实现的三件事。

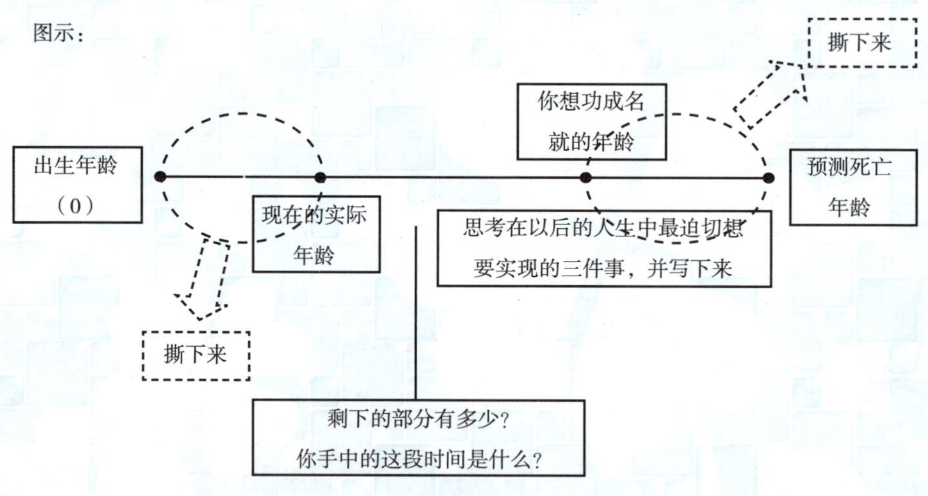

同学们，看一看剩下的部分有多少？你手中的这段时间是什么？

要在这有限的时间里完成人生中迫切想要实现的三件事，我们可支配的时间又有多少呢？大家来谈谈有何感悟。

收集一个你所敬佩的名人资料，了解他（她）的职业生涯规划，从他（她）身上你学到了什么？有什么启发？

项目三 描绘未来——了解职业生涯规划内容和原则

一、任务布置 二、… 三、… 四、… 五、… 六、…

情景一

清晰合理的职业生涯规划造就成功

王平立志做一名优秀的商人，考入大专时他并没有报读商贸专业，而是选择了专业性很强的汽车机电一体化专业。大专毕业后，他并不急于投入商海，而是通过成人高考考上了本科。出乎人意料的是，获得本科毕业证书后，他还是没有从事商业活动，而是通过努力考试，获得了一家事业单位的工作机会。在事业单位工作五年后，他辞职去了私人企业。又过了两年，他开办了自己的汽车维修店。几年后，小店生意越做越大，服务口碑越来越好，公司盈利越来越多。

王平谈及如今取得的成就，他认为应该感激当教师的外公，当年在外公的指导下，制订了一份重要的职业生涯规划。这个规划方案促使他成功。

王平的职业生涯规划脉络清晰，步骤合理，充分考虑了个人兴趣、个人素质，并着重职业技能的培养，这种职业生涯规划在他坚持不懈的努力下终于变为了现实。宋庆龄曾说过："不管你预备走哪一条路，顶顶要紧的是要为自己作好准备。你不可能赤手空拳地开始你的行程，你必须用知识把自己武装起来，你必须锻炼出健壮的身体和足够的勇气。"这番话说的就是这个道理。

同学们，王平的事例给你带来什么启发？对规划我们的职业生涯有否帮助？

情景二

经历丰富却一事无成

小汪大学毕业后，遵照爸爸的愿望，选择了教学作为自己的职业。他的生活看上去充满了希望。然而，命运似乎有意捉弄他。小汪对学生是爱心有余而严厉不足，结果他很快就结束了教师的职业生涯。但他并没有因此而灰心，依然信心十足。

不久他当上了一名律师，准备为维护法律公正而努力。但他的性格似乎一点都不适合这一职业。他认为当事人是坏人，就会推掉上门来的生意；他认为当事人是好人，又会不计报酬地为之奔忙。对于这样一个人，律师界感到难以容忍，小汪只好选择离去。

后来他成了一个清洁用品推销商，在谈判中总让对手大获其利，而自己只有吃亏的份。于是，他只好再改行。

这回他开办了自己的摩托车修理店，然而，又遭逢某些城市全面“禁摩”，小店生意量大减而被迫关闭。

小汪的工作经历十分丰富，为什么到最后还是一事无成？他的职业生涯规划出了什么问题？

知识目标：掌握职业生涯规划的内容，明确规划的原则，作好规划的准备。

寻找到达目的地的最佳方案

任务一 任务实施

同学们现在要策划一个自费旅游的出行方案，目的地自拟。请大家开展小组讨论，结合组内实际情况，寻找到达目的地的最佳方案，制定方案后，与全班同学交流一下你们组是如何作决策的，都考虑了哪些因素。

任务描述

开展小组讨论，制定出行方案并与全班同学交流，完成任务书Ⅰ。

任务书Ⅰ：《寻找到达目的地的最佳方案》

任务	任务要求	任务实施	决策要点
寻找到达目的地的最佳方案	小组讨论，制定方案，想一想制定该方案时都考虑了哪些因素	目的地：	想到达什么地方？ 希望得到什么收获？
		交通工具：	有何种交通工具可供选择？ 以我们的自身条件可以选择何种交通工具？
		目标路线：	出行的路线如何？ 出行路线是否是可行的、高效的、切实的？ 每一站的目标是否明确？
		行动计划：	计划怎样行动？ 如何管理？
		后备方案：	有可能遇到什么状况？ 针对各有可能出现的突发状况应采取什么调整措施？
		其他：	
师生总结			

把握职业生涯规划的要点

任务二 任务实施

任务描述

通过完成任务一，我们对如何策划一个出行方案有了一定的心得，知道了决策要点有哪些。职业生涯规划在某种程度上就像策划一次出行方案，想要规划出成功的职业生涯方案，也必须把握好规划的要点。请同学们参照任务一中的内容，尝试把“出行方案”的要点迁移到职业生涯规划上，帮助理解、把握职业生涯规划的要点，为作好职业生涯规划打下基础。

根据指引，完成任务书Ⅱ

任务书Ⅱ《把握职业生涯规划的要点》

任务	任务要求	任务实施	
		出行方案规划要点	职业生涯规划要点
把握职业生涯规划的要点	查找“任务分析”的相关内容，对照任务一归纳出来的要点，列出职业生涯规划的要点	想到达什么地方？	
		以我们的自身条件可以选择何种交通工具？	
		何种交通工具可供选择？	
		出行的路线如何？	
		计划怎样行动？	
		有可能遇到什么状况？如何调整？	
师生总结			

明确职业生涯规划的原则

任务三 任务实施

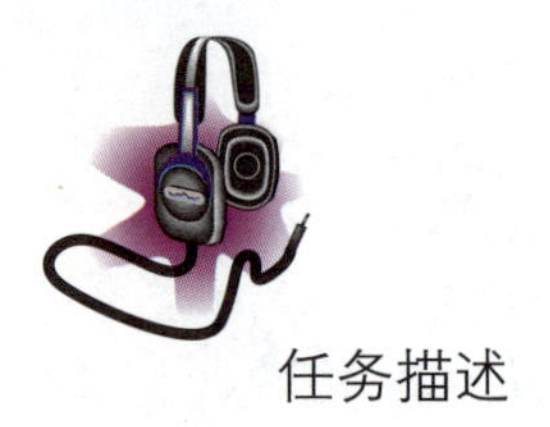

职业院校学生在进行职业生涯规划时，应该遵守一定的原则。我们应该如何进行规划呢？请同学们通过完成本任务，明确职业生涯规划的原则，结合实际谈谈自己的想法。

任务描述

自学“职业生涯规划的原则”相关内容，完成任务书Ⅲ。

任务书Ⅲ《明确职业生涯规划的原则》

任务	任务要求	任务实施
明确职业生涯规划的原则	自学“职业生涯规划的原则”相关内容	填空： ________ ┈ 职业生涯规划的原则 ┈ ________ ________ ┈ ┈ ________ ☆ 谈一谈，如何理解职业生涯规划的四大原则？ 为什么要“择己所爱”？ ________________ ________________ ________________ 如何做到“择己所长”？ ________________ ________________ ________________ 怎样理解“择己所利”？ ________________ ________________ ________________ 如何做到“择世所需”？ ________________ ________________ ________________
师生总结		

我的放大镜

知识点一：职业生涯规划的内容

1. 确定职业志向

志向是事业成功的基本前提，是人生的起跑点。在进行职业生涯规划时，首先要确定志向，这是职业生涯规划的关键，也是最重要的一点。作为职业院校的学生，树立职业志向，应根据社会经济发展的趋势，用发展的、长远的眼光来指导自己择业，既照顾到自己的个性发展，又要适应社会需要。

2. 评估自身条件

评估自我，客观全面地审视自我、认识自我、了解自我，充分了解自己的职业兴趣、能力结构、职业价值观、行为风格、优势与劣势等。每个人的职业特征就像一座冰山一样，展露给外人的往往不过是浮在海面上的一小部分，比如，学历、工作经验和工作技能情况，而海面之下的部分，外人却很难直接察看。这是一些连我们自己也并不十分清晰了解的因素，包括职业能力、个性特点、情商、价值观、思维方式等特征，这些特征决定了我们能否得到职业发展机会及职业发展潜力和空间。从这个角度来讲，只有正确认识自己，才能避害趋利，对自己的职业生涯目标作出最佳选择，使我们的职业生涯发展事半功倍。

3. 分析环境因素

在进行职业生涯规划的时候，我们不得不考虑各种环境因素对自己职业生涯发展的影响，因为我们每个人都生活在一定的环境中，成长与发展都与环境息息相关。比如，你立志从事某种职业，你就必须了解该职业所在行业的情况，发展趋势如何、对人员素质要求如何等。一般来说，需要进行分析的环境包括社会环境、行业环境、企业环境、家庭环境等。

4. 设定目标路线

问问自己：我想往哪方面发展？我能往哪方面发展？我可以往哪方面发展？如何发展？结合个人志向、特长和内外部环境综合考虑。选定职业生涯方向，选择发展路线，设定职业生涯目标：一是既有长远目标，也有近期的具体目标。一个个具体目标的实现，长远目标才有可能成为现实；二是目标应具有可行性，应该是结合主客观实际，通过努力就可以达到的目标；三是目标要有时间性，每个目标的实现都应该有一个明确的时间计划。

5. 部署行动计划

设定了职业生涯目标后，就要有落实可行的具体措施。包括实现的时间、内容和方法等。比如说，为考取理想的职位，你计划学习哪些知识？掌握哪些技能？用多少时间？为提升竞争力，你计划采取什么措施开发潜能等。这些都要逐一细化落实，作出安排。

6. 评估修订调整

俗话常说："计划赶不上变化"。影响职业生涯规划与发展的因素很多，这些因素扑朔迷离、变化莫测。在此状况下，要使职业生涯规划行之有效，就需不断地对职业生涯规划进行评估与调整。其调整的内容包括：职业的重新选择；职业生涯路线的选择；人生目标的修正；实施措施与计划的变更等。

知识点二：职业生涯规划的原则

1. 择己所爱

从事一项喜欢的工作，工作本身就能给你一种满足感，你的职业生涯也将会从此变得妙趣横生。在职业生涯规划时务必注意珍惜自己的兴趣，择己所爱。

2. 择己所长

职业不同，对技能的要求也不一样。人和职业都要求从业者掌握一定的技能，具备一定的条件，而且任何一种技能都是经过一定时间的训练后才能掌握的。然而人的一生中不能将所有技能都全部掌握，所以在进行职业选择时必须选择最有利于发挥自己优势的职业。

3. 择己所利

职业是个人谋生的手段，其目的在于实现个人生存价值的同时追求个人的幸福生活。择业时，首先要考虑自己的预期收益，实现幸福的最大化，在收入、社会地位、职业生涯的稳定性与挑战性等方面找出一个最大值。

4. 择世所需

社会的需求不断演化着，旧的需求不断消失，新的需求不断产生。在职业生涯规划时，一定要分析社会需求，择世所需。

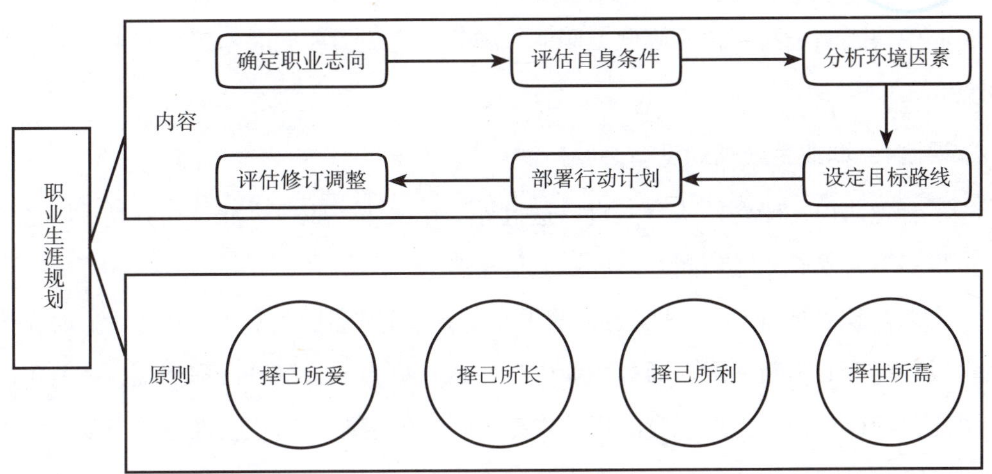

职业生涯发展中的误区

误区1：作了决定之后，绝对不能后悔！

不合理认识：既然选择了一个专业或职业就不能改变，否则一定会被别人看不起。

合理认识：作抉择是有风险的，就像任何一种投资一样，没有只赚不赔的。职业规划中的决定可以进行调整。

误区2：我一定要马上决定！

不合理认识：迟迟无法决定是懦弱、不成熟的表现。别人都知道自己要做什么，只有我太差劲，我应该立即作决定。

合理认识：不作决定是可以接受的，与我个人是否懦弱无关。只要我能多了解自己，充实和储备人生资源，机会来到时我会作最好的选择的。

误区3：兴趣是万能的！

不合理认识：只要找到我的兴趣，我就一定能够成功。

合理认识：找到自己的兴趣，不见得一定能成功，但至少做起来快乐。如果培养做好自己感兴趣事情的能力，将会促使自己成功。

职业兴趣和能力是两码事。有兴趣而无能力，只会增加挫折感；无兴趣而有能力，心中缺乏满足与喜悦。因此，职业兴趣和职业能力要同时考虑，找到他们的共同点。

误区4：职业生涯规划没有必要！

不合理认识：船到桥头自然直。这世界变化太快，职业生涯规划只是一时的流行，很多事情既然无法预测，再规划也是枉然。

合理认识：职业生涯规划的目的不在于很快地找到自己的人生目标，而在于对自我和环境的不断探索。通过职业生涯探索，更多地了解自己和环境，那就可能作更充分的准备，也更可能有意识地发挥出自己的潜能。以积极准备的态度面对人生，随时知时知势知己，自己才不会被淘汰。

误区5：对我个人而言，职业生涯规划没有必要！

不合理认识：职业生涯规划只属于想成功的人，我只想做个平凡人，用不着职业生涯规划。

合理认识：职业生涯规划的目的是突破障碍、激发潜能、实现自我。职业生涯规划是不分贵贱的，是属于每一个踏实的人。

想得到的不一定做得到，想不到的一定做不到。不探索自己和环境的现状与未来，不积极准备人生，就有可能落后于时代。

误区6：现在好好规划，以后就不用了！

不合理认识：现在趁着大学里的空余时间多，多花些时间在职业生涯规划上，省得以后也要去做。

合理认识：由于时代在变，自我也在变，所以对环境及自我的探索是不可能一劳永逸的。职业生涯规划除了探索、抉择和行动之外，还有一个重要的环节，那就是职业生涯反馈与调整。正确的职业生涯规划是盯紧近期目标，远望长期目标，在必要时及时调整中长期目标。

所以职业生涯规划的最终目的不在于你找到了多么完美的人生目标，而在于你了解自己和环境多少，实现了多少近期目标，积累了多少人生资源。因而职业生涯规划不是一劳永逸的。

误区7：我现在很忙，没有时间去规划什么。

不合理认识：职业生涯规划肯定要花一些时间，而且要静下心来。我现在学习和社会工作都很多，没有时间来顾及它。

合理认识：随波逐流，被动生活也可能成功。就像砍树，不磨刀，也可以砍树，但效率很低。如果事先研究了树的纹理和结构，把刀磨好了，看起来是晚一步砍树，然而更早、更好地完成任务的概率增加了许多。

作好职业生涯规划的准备

1. 认真学习，珍惜在校的美好光阴，努力提高自身综合能力

认真学习，努力提高各种专业技术能力；接触社会，有意识培养自己的职业适应能力和社会适应能力；争取机会，培养组织管理能力；加强锻炼，提高自身体能。

2. 丰富经历，积极参加社会实践活动和职业活动

通过参加社会实践活动和职业活动可以了解社会、了解职业、了解自己，以此找到自身素质与职业对从业者要求的差距，并通过实践锻炼实现学生角色向职业角色的顺利转换。

3. 关注动态，适当调整职业发展方向

社会经济发展状况必然影响就业市场的供求变化，因此必须关注就业市场的变动趋势，注意具体的就业供求情况。

4. 端正心态，以乐观向上的心境迈入职业生涯

择业是人生的一件大事，职业院校学生对自己将来从事何种职业一定抱有复杂的心情。有些同学表现出的自卑、虚荣、嫉妒、从众、羞怯等心态会干扰正确择业，为此，学会调适心态十分必要。调适心态主要包括正确对待矛盾心态、抛弃消极情绪等方面。

你言我语

《任务完成评价表》

班级＿＿＿＿　组长＿＿＿＿　组员＿＿＿＿

＿＿年＿＿月＿＿日

今天，在课堂上： 1. 我们新学了＿＿＿＿＿＿＿＿＿＿＿＿＿＿＿＿； 还未弄懂的地方是＿＿＿＿＿＿＿＿＿＿＿＿＿＿＿＿。
2. 我最感兴趣的地方是＿＿＿＿＿＿＿＿＿＿＿＿＿＿＿＿； 我表现最棒的地方是＿＿＿＿＿＿＿＿＿＿＿＿＿＿＿＿。
3. 在小组协作、讨论中，对小组有最大贡献的同学是＿＿＿＿＿＿＿＿＿＿。
4. 老师和其他同学给我们的评语是＿＿＿＿＿＿＿＿＿＿＿＿＿＿＿＿； 我们今后需要改进的地方是＿＿＿＿＿＿＿＿＿＿＿＿＿＿＿＿。
5. 关于这部分内容，我们还有一些自己的想法，希望老师知道的是：＿＿＿＿＿＿＿＿ ＿＿＿＿＿＿＿＿＿＿＿＿＿＿＿＿＿＿＿＿＿＿＿＿＿＿＿＿＿＿。

我思我想

回顾《经历丰富却一事无成》案例中小汪的故事，你能运用本课所学知识给小汪一些建议吗?

＿＿＿＿＿＿＿＿＿＿＿＿＿＿＿＿＿＿＿＿＿＿＿＿＿＿＿＿＿＿

＿＿＿＿＿＿＿＿＿＿＿＿＿＿＿＿＿＿＿＿＿＿＿＿＿＿＿＿＿＿

＿＿＿＿＿＿＿＿＿＿＿＿＿＿＿＿＿＿＿＿＿＿＿＿＿＿＿＿＿＿

＿＿＿＿＿＿＿＿＿＿＿＿＿＿＿＿＿＿＿＿＿＿＿＿＿＿＿＿＿＿

小型即兴演讲会

我们马上要开始设计自己的职业生涯了，请结合所学的知识，就“我如何作好职业生涯规划的准备”为题目开展即兴演讲。可以在下面列出演讲的提纲。评出“金口才”一名。

谈一谈，一个完整的职业生涯规划应该包括哪些环节？每个环节的作用何在？

美国哲学家威廉·詹姆斯说过：人生的目标要尽量定得高远。如果你想摘下星星，不可能最后只得到一把泥土。倘若你一直漫无目的地生活，最终很可能一无所有。如果不知道自己的目的地，选择哪条路都没有意义。成功的人都知道自己往哪里走，如何走。

专题二
设计职业生涯

有一个古老的哲学问题：

你是谁？

你从哪里来？

你要到哪里去？

茫茫的职业生涯，如果没有规划，目标不清晰，就好像在漆黑的深夜里前行。

你准备好了吗？让我们开始设计自己的职业生涯。

项目一　知己知彼——自我评估与环境评估

一、任务布置　二、…　三、…　四、…　五、…　六、…

情景一

一个关于成功的寓言故事

森林学校里有小鸡、小鸭、小鸟、小兔、小山羊、小松鼠等，学校为它们开设了唱歌、跳舞、跑步、爬山和游泳5门课程。第一天上跑步课，小兔兴奋地在体育场地跑了一个来回，并自豪地说："我能做好我天生就喜欢做的事！"而看看其他小动物，有撇着嘴的，有沉着脸的。放学后，小兔回到家对妈妈说："这个学校真棒！我太喜欢了。"第二天一大早，小兔蹦蹦跳跳来到学校，上课时老师宣布，今天上游泳课。只见小鸭兴奋地一下跳进了水里，而天生怕水、不会游泳的小兔傻了眼，其他小动物更没了办法。接下来，第三天是唱歌课，第四天是爬山课……学校里的每一天课程，小动物们都有喜欢的和不喜欢的。

显然，要成功，小兔子就应跑步，小鸭子就该游泳，小松鼠就得爬树。成功心理学的理论告诉我们，判断一个人是否成功，最主要看他是否最大限度地发挥了自己的优势。

诺贝尔奖获得者无疑都是取得杰出成就的人士，总结其成功之道，除了超凡的智力与努力之外，其善于职业生涯设计不能不说是十分重要的一环。他们在职业生涯设计中都把握住了关键的一条，想一想，这关键的一条是什么?

情景二

小涵的“茶韵人生”

小涵出生在杭州，学的是茶艺专业。在校时，她潜心钻研茶文化，苦练茶艺，经过不懈努力，她考取了中级茶艺师证书。

毕业后，她在一家茶馆当茶艺师。每天为嗜茶的老茶客服务，向酷爱品茶的亲朋好友请教，与和她一样成了茶艺师的同学交流，不但进一步丰富了茶叶知识，更深地领悟到茶文化的内涵，也使职业素养和茶艺表演水平有了质的飞跃。

小涵看到，盛产名茶的杭州不但有悠久的饮茶历史，以茶会友已渐渐成为当地人的休闲生活方式，而且四面八方来的中外游客也要在杭州品茶，茶产业在杭州有非常广阔的发展前景。在她考取了高级茶艺师证书以后，与同学合作，在西湖西南的大慈山麓开了一家茶艺室，以闻名于世的“龙井茶叶虎跑水”双绝招徕茶客。许多游客慕名来欣赏她的茶艺表演，人气旺，生意火。

小涵事业成功的关键是什么？

知识目标：通过完成任务，掌握自我评估和环境评估的方法，并对自身情况与所处环境进行全面、有效的评估。

"知己"篇

任务一 任务实施

任务描述

唤醒沉睡的自我

你觉得自己是一个怎样的人？你知道在他人眼中你是怎样的人吗？也许以前不曾想过这些问题，但在规划职业生涯的开始，必须唤醒沉睡的自我，擦亮眼睛重新认识自己。

开展《寻人启事》、《按图索骥》、《以人为镜》等游戏，强化对自己的认识。完成任务书Ⅰ。

任务书Ⅰ：《唤醒沉睡的自我》

任务	任务要求	任务实施	
寻人启事	挖掘自己的特点	根据自己的特点，设计一份“寻人启事”，要凸显自己的独特之处**（可另附纸，完成后粘贴到任务书上）**	寻人启事 ______ ______ ______ ______ ______
按图索骥	检验同学眼中的“我”是否和自己认识的相符	把启事收上来，洗牌，由三位同学抽出三张“寻人启事”并念出，同学们猜这是谁，如果猜不出，最后本人站起来认领	序 | 要寻的人 | 我是否猜到 | 为什么 1 | | | 2 | | | 3 | | |
以人为镜	认识他人眼中的自己	每四人分成一个小组，每人写出组内其他成员的优点和特点，然后把评价对号发给本人，并讨论自己是否认可他人的评价及不认可的方面和原因	序 | 组员 | 我眼中的他（她） 1 | | 2 | | 3 | | 他人眼中的我：

任务二 任务实施

任务描述

找到潜在的职业兴趣点

兴趣是个人成才的动力和基础，一个人的兴趣对于他选择职业起着至关重要的作用。因此，清楚自己的职业兴趣所在有助于找到真正适合自己的职业。

有的同学说“我没有职业兴趣”。其实，兴趣作为一种心理倾向早就植根于人的心底，本任务将帮助你找到潜在的职业兴趣点。

教师布置六大任务，同学们自由选择感兴趣的任务去完成，填写任务书Ⅱ。

任务书Ⅱ：《找到潜在的职业兴趣点》

任务	任务要求	任务实施
找到潜在的职业兴趣点	Step1： 公布六大任务	任务A：用钳子把铁丝弯成指定的形状 任务B：完成一组数独题 任务C：原创或改编一首歌曲并演绎 任务D：针对一件商品设计出销售方案 任务E：整理分类一堆杂乱的文具和资料 任务F：与组内成员合作分析一个家庭纠纷的案例
	Step2： 选择自己感兴趣的任务，志趣相投的同学可组合成一个小组共同去完成任务	我选择的题目是：________ 我的完成情况：________
	Step： 每组派代表汇报完成情况	我的收获是：
师生总结		

任务三 任务实施

任务描述

盘点你的能力

每个人在不同方面能力的强弱是不一样的，同样，社会上各类职业需要的能力也不同。成功职业选择的重要条件之一就是选择能发挥自己能力特长的职业。你了解自己的特长吗？盘点一下自己的能力，尝试去发现可能胜任的职业领域。

分析自己的能力，寻找可能胜任的职业领域，完成任务书Ⅲ。

任务书Ⅲ：《盘点你的能力》

<table>
<tr><th>任务</th><th>任务要求</th><th colspan="4">任务实施</th></tr>
<tr><td rowspan="9">盘点你的能力</td><td>回答一组问题，思考在日常生活中有价值的活动</td><td colspan="4">① 你最喜欢哪门课程？成绩如何？
____
____
② 你在家里做得最好的事是什么？
____
____
③ 你业余时间最喜欢做的事情是什么？
____
____
④ 你平时不想做，但是做得比较多的事情是什么？
____
________________</td></tr>
<tr><td rowspan="8">从上面盘点出的活动出发，挖掘你的能力做所在，并联系到职业所需要的能力基础上</td><td>序</td><td>活动</td><td>表现出色之处</td><td>这种表现可以用于哪些场合或职业领域</td></tr>
<tr><td>例</td><td>烧菜</td><td>色香味俱全</td><td>烹饪、烘焙、食雕及食品加工等</td></tr>
<tr><td>1</td><td></td><td></td><td></td></tr>
<tr><td>2</td><td></td><td></td><td></td></tr>
<tr><td>3</td><td></td><td></td><td></td></tr>
<tr><td>4</td><td></td><td></td><td></td></tr>
<tr><td>5</td><td></td><td></td><td></td></tr>
<tr><td>…</td><td></td><td></td><td></td></tr>
</table>

任务四 任务实施

任务描述

职业价值观拍卖会

俗语说："人各有志"，这个"志"表现在职业选择上就是职业价值观。它决定了什么对你最重要，什么对你是有意义、有价值的。如果你的价值观与你的工作相吻合，那么你会觉得很开心、很有成就感；如果不相吻合，你会感到无奈和痛苦。因此，职业价值观对一个人职业目标和择业动机起着重要作用。

那么，你认为什么是好工作？也许一时无法说清楚。不妨参加"职业价值观拍卖会"，了解一下自己的价值取向。

参加"职业价值观拍卖会"，完成任务书Ⅳ。

任务书Ⅳ：《职业价值观拍卖会》

<table>
<tr><th>任务</th><th>任务要求</th><th colspan="2">任务实施</th></tr>
<tr><td rowspan="3">职业价值观拍卖会</td><td rowspan="2">买入你想要的"商品"</td><td>"商品"列表</td><td>1. 优越的工作环境 2. 可观的经济报酬 3. 安逸的工作环境
4. 自由的工作时间 5. 与领导关系良好 6. 与同事关系和睦
7. 拥有管理的权力 8. 良好的声望名誉 9. 工作被认同
10. 晋升的机会 11. 富有挑战性 12. 工作独立性</td></tr>
<tr><td>拍卖规则</td><td>① 每人拥有100个金币
② 每人最多可买三件商品，也可以一件都不买
③ 每件商品起价为10个金币，每次出价不低于5个金币。</td></tr>
<tr><td>分析拍卖结果</td><td colspan="2">□ 买到"商品"
我买到的是什么？按出资由多至少写下来。
______
我为什么一定要买这些？
______
______
______
哪些工作可以符合我买到的愿望？
______
□ 买不到"商品"
以上商品中，我最想买到的三件是什么？为什么？
______
______
______
哪些工作可以符合我想买的愿望？
______
☆ 有没有什么"商品"我想购买但不在上述列表中？
______</td></tr>
</table>

任务五 任务实施

任务描述

"知彼"篇

走进"我们这一家"

人在成长的过程中，家庭的影响和支持非常重要。因此，同学们在作职业生涯规划之时，不可忽视家庭的因素，而应对自身的家庭环境进行分析。分析家庭环境时，应考虑家庭的经济状况、家人期望、家族文化等因素对本人的影响。

分析每个家庭成员的职业发展情况，及其对你职业生涯规划的影响，完成任务书Ⅴ。

任务书Ⅴ：《走进"我们这一家"》

任务	任务要求	任务实施
走进"我们这一家"	分析每个家庭成员的职业发展情况，及其对你职业生涯规划的影响	（见下表及填写项）

家庭成员	做过的或正在做的工作	理想的职业	收入水平	对我的期望
爸爸				
妈妈				
爷爷				
奶奶				
外公				
外婆				

☆ 在我的家庭成员中，对我影响最深的是________

表现在：____

____

____

☆ 家庭的环境对我进行职业生涯规划影响对大的是哪方面？

____

____

____

____

____

____

任务六 任务实施

走进目标企业

深入了解目标企业的情况，有助于更好地考虑个人与企业的匹配程度、对工作的胜任程度等，从而提高入职后的满意度、幸福感和稳定性。进行职业生涯规划时若缺乏对企业环境的了解和分析，可能会导致入职后的一系列不适应，甚至离职。因此，我们要走进目标企业，分析企业环境。

任务描述

选择一个你希望成功应聘的目标企业，运用5W1H分析法对企业环境进行分析，完成任务书Ⅵ。

任务书Ⅵ：《走进目标企业》

任务	任务要求	任务实施
走进目标企业	选择一个你希望成功应聘的目标企业，用5W1H分析法对企业环境进行分析	1. what？（对象） 你的目标企业是：________ 属于哪种单位类型？________ 在行业内的地位如何？________ 它的产品服务范围是什么？________ 你希望应聘哪一个岗位？________ 该岗位的工作内容是什么？________ ________ 2. why？（目的） 选择这家企业的原因何在？ ________ 选择这个岗位的原因何在？ ________ 3. Where？（地点） 这家企业在什么地方？交通是否方便？ ________ 4. When？（时间） 工作时间是多少？作息时间是怎样安排的？ ________ 5. Who？（人员） 将与哪些人成为同事？素质如何？ ________ 你的服务对象是谁？将和怎样的客户打交道？ ________ 6. How？（方法） 需要运用哪些专业技能和方法去完成工作任务？你能否胜任？ ________

任务七 任务实施

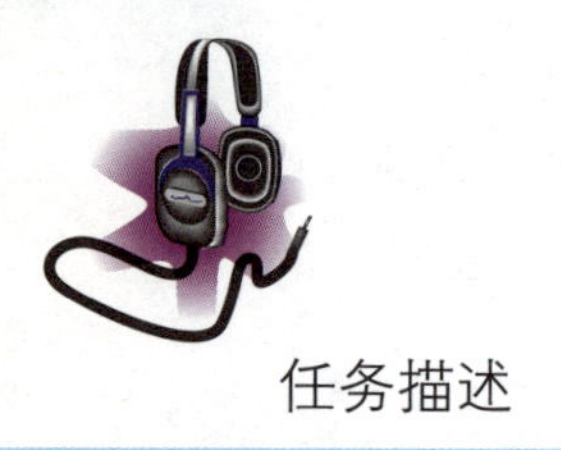

任务描述

走进理想行业

社会上存在众多的行业。你了解各行业的信息吗?在作职业环境评估时,不可忽视行业环境的信息,应多关注行业资讯和动态,从而思考自己的择业方向,避免思维禁锢、视野狭隘。

分组合作,通过查阅书刊、网络等收集你认为未来发展趋势良好的五大行业,并摆事实、找数据说明原因。完成任务书Ⅶ。

任务书Ⅶ:《走进理想行业》

任务	任务要求	任务实施		
走进理想行业	分组合作,通过查阅书刊、网络等收集你认为未来发展趋势良好的五大行业,并摆事实、找数据说明原因	序	行业类别	优势
		1		
		2		
		3		
		4		
		5		
师生总结				

走进社会

任务八 任务实施

任务描述

当今社会经济、政治环境风起云涌、瞬息万变，如果“两耳不闻窗外事”，则会导致闭目塞听。因此，在进行职业生涯规划时要对社会环境进行分析，以了解自己在整个社会中的优劣势及社会环境对自己提出的要求等。职业院校学生想进行社会环境分析，首先要掌握分析的要素和方法。

自学社会环境分析的要素和方法等相关内容，完成任务书Ⅷ。

任务书Ⅷ：《走进社会》

任务	任务要求	任务实施
走进社会	自学社会环境分析的要素和方法等相关内容	社会环境分析的要素（连线至4个空白方框） 了解社会环境的方法（连线至3个空白方框）

我的放大镜

知识点一：自我评估

自我评估是职业规划过程的第一步，应收集自己的信息、作出明智的职业选择。

职业规划中自我评估包括：职业兴趣、职业能力、职业价值观、性格等。

1. 职业兴趣

职业兴趣是指人们对某种职业活动具有的比较稳定而持久的心理倾向，它使个人对某种职业给予优先的注意，并具有向往的情感。由于兴趣爱好不同，人的职业兴趣也有很大的差异。职业兴趣的类型大致可以分为实用型、研究型、艺术型、企业型、事务型、社会型等。

职业兴趣是可以培养的，许多有成就的人并非一开始就对自己所从事的职业有兴趣，而是在后来的接触中了解到这个职业，通过了解开始喜欢，在喜欢的基础上产生了对职业的热爱。

2. 职业能力

能力，往往是我们评价一个人的重要标准。能力是直接影响活动效率，并使活动顺利完成的个性心理特征。而职业能力则是人们从事某种职业的多种能力的综合。

每个人的能力都是不同的，也许一个人开始时不具备某种职业能力，但只要在职业实践中刻苦学习，职业能力不但可以获得发展和提高，还有可能挖掘出潜能。职业院校学生应该努力巩固理论知识，提升实操技能，加强锻炼，提高自身综合能力，为顺利就业打下基础。

3. 职业价值观

职业价值观指人生目标和人生态度在职业选择方面的具体表现，也就是一个人对职业的认识和态度，以及他对职业目标的追求和向往。

俗话说："人各有志。"这个"志"表现在职业选择上就是职业价值观。职业价值观决定了人们的职业期望，影响着人们对职业方向和职业目标的选择，决定着人们就业后的工作态度和劳动绩效水平，从而决定了人们的职业发展情况。哪个职业好？哪个岗位适合自己？从事某一项具体工作的目的是什么？这些问题都是职业价值观的具体表现。

个人的职业价值取向，必须从实际出发，经常反思并及时调整使之符合实际，使自己经常处于心情舒畅、精神焕发的心境之中。

4. 性格

性格是一个人在对待客观事物和社会行为方式中所表现出来的比较稳定的个性心理特征，主要体现在对自己、对他人、对事物的态度和所采取的言行上。性格分为外向型、内向型和中间型三种。

性格对职业生涯发展有影响，不同的性格适合从事不同的职业，同样，不同的职业也要求从业者具有与之相适应的职业性格。

性格存在可塑性，已经专业定向的职业院校学生应该按照即将从事的职业对从业者的性格要求，在日常生活、职业环境中磨练自己，改造甚至重塑自己的性格。

知识点二：职业环境评估

所谓职业环境，就是某职业在社会大环境中的现实状况、社会需求、社会地位、经济地位、未来发展趋势等。职业环境评估一般从四个维度着手：家庭环境、企业环境、行业环境和社会环境。

1. 家庭环境

任何人的性格和品质的形成及个人的成长都离不开家庭环境的影响。在进行职业生涯规划时，考虑更多的是家庭的经济状况、家人期望、家族文化等因素对本人的影响。个人职业发展规划的确立，总是同自身的成长经历和家庭环境相关联的。个人在成长过程中，在不同时期也会根据自己的成长经历和所受教育的情况，不断修正、调整，并最终确立职业理想和职业计划。正确而全面地评估家庭情况才能有针对性地设计适合自己的职业规划。

2. 企业环境

企业环境一般包括单位类型、企业文化、发展前景、发展阶段、产品服务、员工素质、工作氛围等。进行职业规划时要先确定自己适合什么样的企业文化和环境，从而找到真正适合自己要求的企业。

3. 行业环境

行业环境分析包括对目前所从事行业和将来想从事的目标行业的分析。分析内容包括行业的发展状况、国际国内重大事件对该行业的影响、目前行业优势与问题、行业发展趋势等。

4. 社会环境

职业院校学生在进行职业生涯规划的社会环境分析时，应主要针对以下几个方面。

（1）就业形势分析：包括国家经济发展状况、劳动力需求情况、各级学历学生就业状况等。

（2）就业压力分析：包括外部压力和内部压力，即市场需求人数的变动、企业经济效益增减等外部压力，毕业生因面对激烈的就业竞争而产生焦虑、抑郁、无助情绪等内部压力。

（3）就业有利条件分析：当前的就业环境能创造哪些有利条件，身边的社会关系能提供哪些有力帮助等。

（4）就业制度和方针分析：包括国家的就业制度现状、新颁布的就业方针等。

进行社会环境分析的方法主要有：通过网络媒介了解，登录国家人力资源和社会保障部网站，了解国家就业求职相关信息；实践出真知。通过寻求各种实习机会，在社会实践中进行环境分析更为直接和可靠；在经验交流中了解，参加各种讲座向专业人士取经，或多与社会人士、朋辈间进行面对面交流，资源共享。

我的记事本

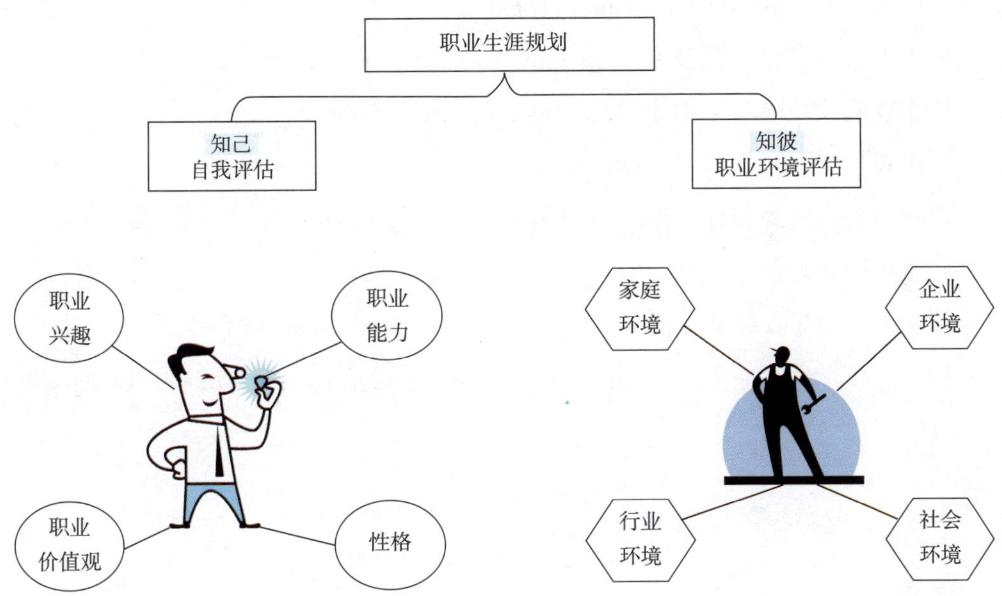

我的储蓄罐

有助于进行个人职业生涯规划的网站

中华人民共和国人力资源和社会保障部: http://www.mohrss.gov.cn

中国就业网: http://www.chinajob.gov.cn

广东省人力资源和社会保障厅: http://www.gd.lss.gov.cn

广东省职业技能鉴定指导中心: http://www.gdosta.org.cn

广东省技工教育在线: http://www.gd.lss.gov.cn

广州市人力资源和社会保障局: http://www.hrssgz.gov.cn

广州市职业技能鉴定指导中心: http://www.gzjn.gzlm.net

技工院校学生在线职业测试系统：http://www.gzgyjx.com:8081

技工院校学生职业生涯规划论坛：http://www.gzgyjx.com:8081/bbs/index.asp

你言我语

《任务完成评价表》

班级______ 组长______ 组员______ ____年____月____日

今天，在课堂上： 1. 我们新学了______________________________ ______________________________ ______________________________； 还未弄懂的地方是______________________________ ______________________________ ______________________________。
2. 我最感兴趣的地方是______________________________ ______________________________ ______________________________； 我表现最棒的地方是______________________________ ______________________________ ______________________________。
3. 在小组协作、讨论中，对小组有最大贡献的同学是______________________________ ______________________________ ______________________________。
4. 老师和其他同学给我们的评语是______________________________ ______________________________ ______________________________； 我们今后需要改进的地方是______________________________ ______________________________ ______________________________。
5. 关于这部分内容，我们还有一些自己的想法，希望老师知道的是：______________________________ ______________________________ ______________________________。

我思我想

19世纪末，一个男孩降生于布拉格的一个贫穷人家。随着男孩的一天天长大，人们发现他虽为男儿身，却没有半点男子汉气概。他的性格十分内向、懦弱，也非常敏感多虑，总是觉得周围的环境都在对他产生压迫和威胁，防范和躲避的心理在他心中可谓根深蒂固。男孩的父亲竭力想把他培养成一个标准的男子汉。在父亲严厉的培养下，他的性格不但没有变得刚烈勇敢，反而更加的懦弱自卑，并从根本上丧失了自信心。他在惶惑痛苦中长大，整天都在察言观色，小心翼翼地猜度着又会有怎样的伤害落到他的身上。这样的孩子，似乎太没有出息了。能让他去当兵，去冲锋陷阵、做元帅吗？不可能，部队还没有开拔，也许他就已当逃兵了。让他去从政吗？他能做律师吗？懦弱内向的他怎么可能在法庭上像斗鸡似的竖起雄冠来呢？能做医生吗？他不能果断行事，也许会使很多生命在他的顾虑中遗憾终身。

看来，懦弱、内向的性格，确实是一场人生的悲剧，即使想要改变也改变不了。然而。你能想象这个男孩后来的命运吗?

这个男孩后来成了世界上最伟大的文学家，他就是卡夫卡。

为什么会这样呢？谈谈你的想法。

十年后的名片

请同学们展开想象，设计自己“十年后的名片”，并在名片背后写上你将如何努力实现它。（温馨提示：名片应包括姓名、头衔、单位名称、地址等信息）

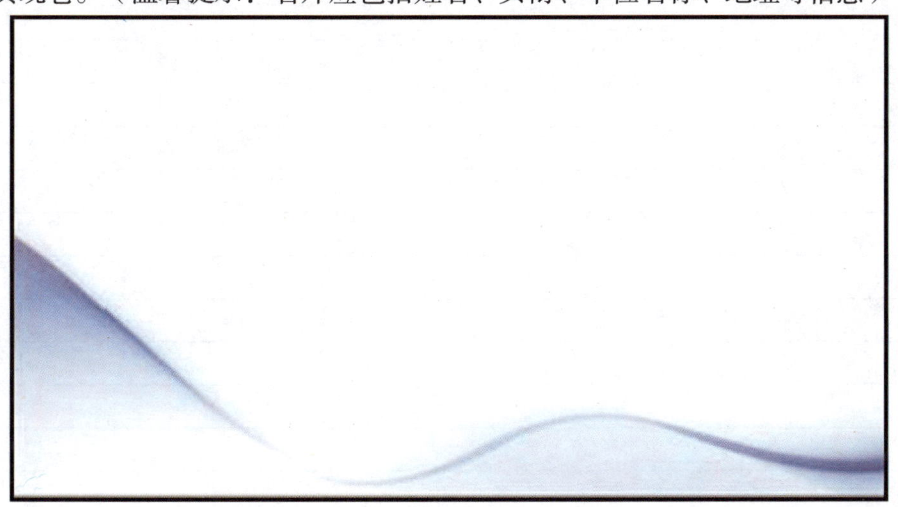

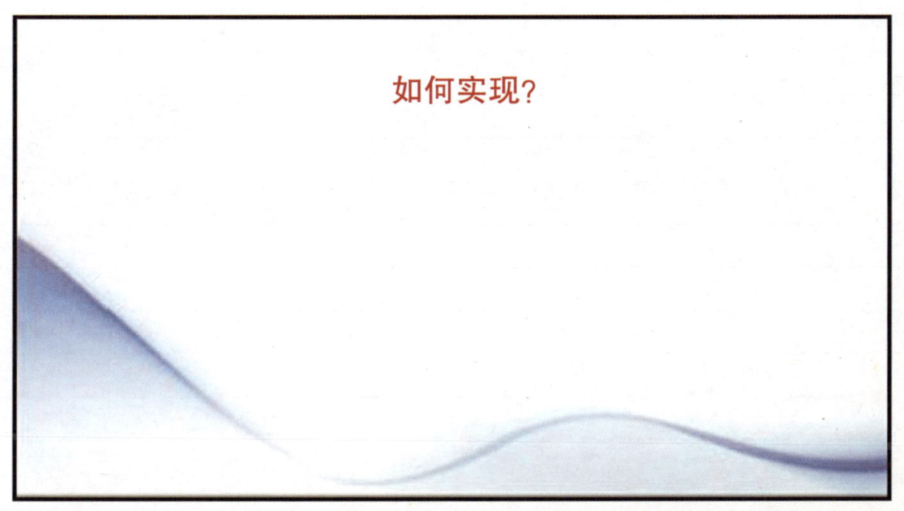

通过本节课的学习，你有什么收获？如果未来的职业选择与家庭意见发生了分歧，你将如何解决？

项目二　有的放矢——确立目标与选择路线

一、任务布置　二、…　三、…　四、…　五、…　六、…

情景一

如果没有目标，人生将会怎样

我们的人生如果没有目标，会出现怎样的情况？

1952年7月4日清晨，加利福尼亚海岸笼罩在浓雾中。在海岸以西21英里的卡塔林纳岛上，一个34岁的女人涉水进入太平洋，开始向加州海岸游去。若能成功，她将是第一个游过这个海峡的女性。这名妇女叫费罗伦丝·查德威克。在此之前，她是从英法两边海岸游过英吉利海峡的第一位女性。

那天早晨，海水冻得她身体发麻，雾很大，她几乎看不到护送她的船。时间一秒一秒地过去，千千万万人在电视前注视着她。有几次鲨鱼靠近了她，被人开枪吓跑。她仍然在游。在以往这类渡海游泳中她的最大问题不是疲劳，而是刺骨的水温。

15个小时后，她被冰冷的海水冻得浑身发麻。她知道自己不能再游了，叫人拉她上船。她的母亲和教练告诉她海岸很近了，不要放弃。但她朝加州海岸望去，除了浓雾什么也看不到。几十分钟之后——从出发算起15小时55分钟——人们把她拉上了船。又过了几个小时，她渐渐觉得暖和了，这时却开始感到失败的打击。她对记者说："我不是为自己找借口。如果当时我看见陆地，也许就能坚持下来。"人们拉她上船的地点离加州海岸只有半英里！

后来她说，真正令她半途而废的不是疲劳和寒冷，而是在浓雾中看不到目标。查德威克小姐一生中只有这一次没有坚持到底。两个月后，她成功地游过这个海峡。她不但是第一位游过卡塔林纳海峡的女性，而且比男子纪录还快了约两小时。

查德威克第一次失败的原因是什么？为什么第二次成功了？

情景二

小江的选择

小江是某技工学校计算机应用技术专业的毕业生。在校学习期间，他曾代表学校参加省、市技能竞赛，并获得不错的成绩。毕业时，姐姐有意让小江到一家较知名的服装公司做管理人员，该职位不但报酬高，还可以向着管理方向发展。可是，小江知道自己不善言辞，不适合从事组织管理工作。而且自己学习的是计算机专业，缺乏对服装行业的认识。最终小江毅然选择到一家不知名的电脑公司当计算机维修工，并下决心要成为高级技师。

选择了自己喜欢的工作，小江更有动力了。他努力工作，刻苦钻研，不到一年便成了公司无人不知晓的“电脑达人”。通过两年实践，小江成为公司里屈指可数的技师之一。

回顾自己当初的选择，小江庆幸自己没有选错。现在的他正在向着高级技师的目标进发，并开始思考自己怎样才能在该行业走得更好、更远。

小江成功的关键在哪里？

知识目标： 了解职业生涯目标的构成，确定职业生涯发展目标，并学会选择适合自己的发展路线。

任务一　任务实施

你追求的是什么

职场上有句名言：你今天站在哪里不重要，但你下一步迈向何方却很重要，茫茫生涯，你的方向究竟在哪里？你毕生追求的究竟是什么？通过以下任务也许能够帮助你找到答案。

任务描述

根据指引认真思考下列问题，完成任务书Ⅰ。

任务书Ⅰ：《你追求的是什么》

任务	任务要求	任务实施
了解自己的追求	根据指引认真思考回答问题	① 你有何才能？ 选出你的三种最重要的才能，用一个词来表达。（如记忆力、责任心等） ② 你愿意为什么事情一展才华并为之付出更多精力？ （如：我意愿花更多精力去引导他人学习新知识。） 我愿意花更多精力去＿＿＿ ③ 你觉得在什么环境中最能发挥自己的才华？ （如：我觉得与别人辩论事情时最能发挥我的才华。） 我觉得在＿＿＿的时候（或环境中），最能发挥我的才华。 ▲现在，请把上述问题的答案列出来，按下面的规则组成一个完整的句子。 我追求的是利用我的＿＿、＿＿、＿＿在＿＿＿的时候（或环境中），去＿＿＿。 （如：我追求的是利用我的记忆力和责任心在与别人辩论事情时引导他们学习新知识。） 我的追求： ＿＿＿＿＿＿＿＿ ＿＿＿＿＿＿＿＿
师生总结		

任务二 任务实施

任务描述

确立职业生涯发展目标

人要有理想，又要有自己的职场奋斗目标。了解了自己想追求什么以后，请着手设定合理可行的目标，并将目标分解成长期目标、中期目标和近期目标。

自学职业生涯发展目标的含义、构成和设定原则等相关内容，独立思考，确立个人的职业生涯发展目标，设定后与小组成员交流，互相提建议。完成任务书Ⅱ。

任务书Ⅱ：《确立职业生涯发展目标》

任务	任务要求	任务实施
确立职业生涯发展目标	独立思考设定个人目标	**我的职业生涯发展目标图** 时间（纵轴） 长期目标：______ 中期目标：______ 短期目标：______ 阶段（横轴）
	小组交流互相学习互提建议	同学们给的我的建议有： ______ ______ ______ ______ 我的收获： ______ ______ ______ ______
师生总结		

任务三 任务实施

任务描述

选定职业生涯发展路线

职业生涯路线选择是人生发展的重要环节之一，对人的一生有着重要影响。作为个人的一种摸索，往往要经过一番努力才能找到适合自己的发展路线。请大胆预测、认真思考、全面衡量，选定自己的职业生涯发展路线。

自学选定职业生涯发展路线的相关内容，开始摸索自己的职业生涯发展路线。完成任务书Ⅲ。

任务书Ⅲ：《选定职业生涯发展路线》

任务	任务要求	任务实施
选定职业生涯发展路线	摸索个人职业生涯发展路线	☆ 职业生涯发展路线的类型有： ______ ______ ______ ______ ☆ 问问自己，我希望向哪一条路线发展？我适合向哪一条路线发展？我能够向那一条路线发展？ 我的选择是：______ ______ ______
	大胆预测、认真思考、全面衡量，在右图中描出你选定的职业生涯发展路线，并在相应年龄段填上你计划达到的等级水平	行政管理路线　自主创业路线　专业技术路线 60岁 ______　______ 50岁 ______　______ 40岁 ______　______ 30岁 ______　______ 20岁 ______　______ 职业生涯开始的年龄 □
师生总结		

我的放大镜

知识点一：职业生涯发展目标的含义和构成

职业生涯发展目标是指个人在选定的职业领域内未来时点上所要达到的具体目标，包括短期目标、中期目标和长期目标。

知识点二：设定职业生涯发展目标的原则

（1）明确性。要明确描述出个人在实现每一目标时所需完成的行动方案。

（2）可测量性。目标应该是可以测量的，要有定量数据，如数量、质量、时间等。

（3）相关性。目标要与个人的职业发展观和发展需求相联系。

（4）时限性。即在特定的时间内完成。

（5）集中性。目标不可定得太多，太多了就意味着没有重点，一般3～5条即可。

（6）可实现性。必须是合理的，并且是在个人可控制的范围之内；其次必须要经过一定努力才可以实现的。

知识点三：设定目标的过程中要注意的问题

（1）目标要符合社会与组织的需要，有需要才有市场和位置。

（2）目标要符合自身的特点，并使其建立在自身的优势之上。

（3）目标要高远但不能好高骛远，一个人追求的目标越高，其才能就发展得越快。

（4）目标幅度不宜过宽，最好选择窄一点的领域，并把全部身心力量投入进去。

（5）注意长期目标与短期目标间的结合，长期目标指明了发展的方向，短期目标是实现长期目标的保证，长短结合更有利于职业生涯目标的实现。

（6）目标要明确具体，同一时期的目标不要太多，目标越简明、越具体，就越容易实现，越能促进个人的发展。

（7）注意职业目标与家庭目标，以及个人生活与健康目标的协调与结合，家庭与健康是事业成功的基础和保障。

知识点四：职业生涯发展路线的选定

职业生涯发展路线指一个人选定职业后从什么方向上实现自己的职业目标。发展方向不同，要求也不同。因此，在职业生涯规划时必须对此作出选择，以便安排今后的学习和工作，使其沿着职业生涯路线发展。

根据职业发展路线的性质可将其划分为以下4种类型。

1. 专业技术型发展路线

走这种路线的个体把时间和精力更多地放在发展自身的专业技能、提升业务水平上，通过各种资格考试和职称评定，成为技术人才。比如，技能手段专业技术发展轨迹为：初级技工、中级技工、高级技工、技师、高级技师。

2. 行政管理型发展路线

走这种路线的个体把时间和精力更多地放在发展自身的行政能力或管理能力上。通过努力提升自己的行政职位，从而实现个人价值。比如，一名企业员工的管理型发展路径可以为：职员、项目主管、部门主管、经理助理、经理、总裁等；一名销售业务员为自己设定的发展路线为：销售代表、销售经理、区域销售总监、职业经理人。

3. 自主创业型发展路线

这一发展路径的轨迹有：合作经营投资人、管理人、独立企业投资人、经理等。

4. 综合型发展路线

这一类个体在职业发展中综合了技术和行政管理的能力，并谋求良好的发展。

在考虑自己的职业发展路线时，首先要选好适合自己的方向，其次要选择好发展的地点，并对自我的发展作客观的定位。

我的记事本

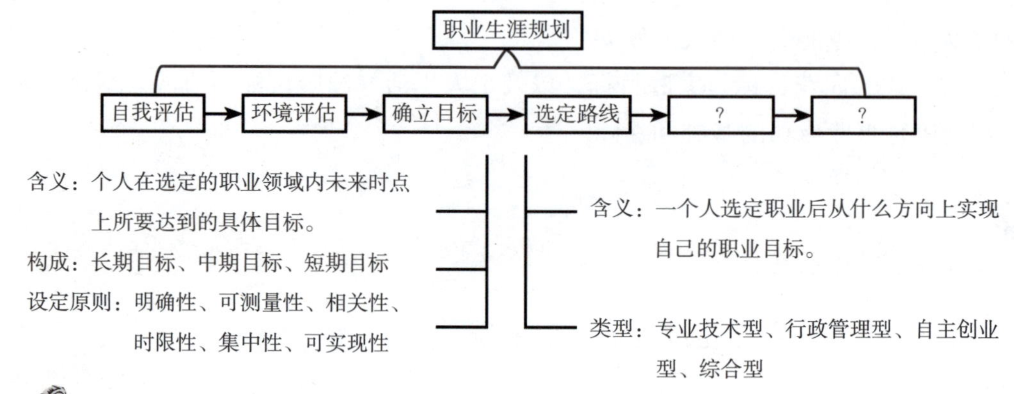

我的储蓄罐

12条职业生涯规划感悟

（1）选择比努力更重要，方向比速度更重要。

（2）没有明确的选择时，也许等待也是正确的。

（3）职业生涯选择的四个因素：地域（地域决定了个人的发展潜能和空间）、行业（立足于行业，做行业的领军人物）、企业（结合自己的性情，选择适合发展的企业类型）、职业（打造属于自己的职业主战场）。

（4）想在哪个城市工作最好先在那个城市上学。公司企业会觉得有归属感。也可以去那个城市进修。

（5）选择行业需慎重。行业决定将来的发展高度。

（6）不同的选择导致不同的生活方式，选择企业也是如此。

（7）外企讲能力，国企讲本事，民营企业既要讲能力又要讲本事。

（8）人在企业，但不能局限于企业，要有更高视角。

（9）学校学习：基本技能（计算机水平、英语、日语）；专业知识（有关课程、相关培训、认证）；综合能力（金融——融资、财务——核算、税务——合理避税、法律——防患未然）。

（10）考证不只为了证书，是为了了解工作逻辑。

（11）社会实践：学校活动（锻炼与人打交道的能力）；社会实习、工作（了解社会和以后所要从事的行业）；学会做人和做事（悟性有时比文凭更重要）。

（12）此外，要锻炼身体，身体是事业成功的基础。

分段实现大目标

1984年，在东京国际马拉松邀请赛中，名不见经传的日本选手山田本一出人意料地夺得了世界冠军。当记者问他凭什么取得如此惊人的成绩时，他说了这么一句话：用智慧战胜对手。

当时许多人都认为这个偶然跑到前面的矮个子选手是在故弄玄虚。马拉松比赛是体力和耐力的较量，只要身体素质好又有耐性就有望夺冠，爆发力和速度都在其次，说用智慧取胜确实有点勉强。

两年后，意大利国际马拉松邀请赛在意大利北部城市米兰举行，山田本一代表日本参加比赛。这一次，他又获得了世界冠军。记者又请他谈经验。山田本一性情木讷，不善言谈，回答的仍是上次那句话：用智慧战胜对手。这回记者在报纸上没再挖苦他，但对他所谓的智慧迷惑不解。

10年后，这个谜终于被解开了，他在他的自传中是这么写道："每次比赛之前，我都要乘车把比赛的线路仔细地看一遍，并把沿途比较醒目的标志画下来，比如，第一个标志是银行；第二个标志是一棵大树；第三个标志是一座红房子……这样一直画到赛程的终点。比赛开始后，我就以百米的速度奋力地向第一个目标冲去，等到达第一个目标后，我又以同样的速度向第二个目标冲去。40多公里的赛程，就被我分解成这么几个小目标轻松地跑完了。起初，我并不懂这样的道理，我把我的目标定在40多公里外终点线上的那面旗帜上，结果我跑到十几公里时就疲惫不堪了，我被前面那段遥远的路程给吓倒了。"

可见，山田本一的成功，主要得益于"目标分解法"。在现实中，我们做事之所以会半途而废，这其中的原因，往往不是因为目标难度较大，而是觉得成功离我们较远。所以，我们制定目标的时候，应该把我们的职业生涯的最终目标，分解成一个个的阶段性的目标，只要坚持下去，我们职业生涯的总目标也一定能够最终实现。

你言我语

《任务完成评价表》

班级______ 组长______ 组员______

___年___月___日

今天，在课堂上： 1. 我们新学了________________________________； 还未弄懂的地方是________________________________。
2. 我最感兴趣的地方是________________________________； 我表现最棒的地方是________________________________。
3. 在小组协作、讨论中，对小组有最大贡献的同学是________________。
4. 老师和其他同学给我们的评语是________________________________； 我们今后需要改进的地方是________________________________。
5. 关于这部分内容，我们还有一些自己的想法，希望老师知道的是________________ ____。

我思我想

人生不可能一帆风顺，你是否想过为自己的职业生涯发展准备一条后备路线呢？谈谈你的后备路线是怎样的。

____

____

____

____

____

____

____

____

魔力水晶球

在童话故事中，巫师常常通过水晶球来看过去和未来。现在，假设你得到了一个能看到未来的水晶球，通过它你看到了你一年后、三年后、五年后、十年后的情况，它们将会是怎样的呢？是成为高级技术人员、销售经理、部门主管，还是自己创业……请将你在“水晶球”里“看”到的未来，填入下表第一列，然后分析一下与目前的差距在哪里，怎么办？

时间	你想“看”到的未来	与目前的差距及解决方法
一年后		
三年后		
五年后		
十年后		

访问一位工作经历丰富的老人，看看他的职业生涯发展路线是怎样的，谈一谈对你有什么启发。

项目三　踏实前行——制定措施与落实行动

一、任务布置　二、…　三、…　四、…　五、…　六、…

情景一

最起码要去买一张彩票

曾经有一个人给自己立了一个目标，就是在有生之年赚100万元，但是他一无技术，二不勤奋，他幻想通过向上帝祈祷中彩票来发财。于是，他每隔两天都要到教堂去祈祷，而且他的祈祷词几乎每次都是同样的：“上帝啊，请念在我多年来敬畏你的份上，让我中一次彩票吧！”但是，每一次上帝都没有满足他的愿望，就在他濒临绝望的时候，上帝出现了，并对他说：“我实在没办法帮你，最起码你要去买一张彩票吧！”

这个故事告诉我们一个什么道理？

情景二

落到实处，规划未来

小欣在某技工学校学习会计电算化专业，她的长期目标是成为高级会计师，短期目标是当一名小企业财务部的会计员。

为了实现自己的短期目标，她制定了两阶段的发展措施。第一阶段是在校学习阶段，认真学习专业知识，为就业打好基础。一年级考取计算机办公软件中级工证书、会计电算化证书，业余时间多看一些专业书籍，增强对本专业的认识；二年级获取会计从业资格证，周六、日自学财经法规和财经职业道德；三年级争取机会走访企业和进行顶岗实习，了解企业对会计员的素质要求并以此为学习目标。第二阶段是毕业后就业初期，争取到小企业财务部当一名合格的会计员，为今后当上会计师铺路。处理业务时，向老会计师学习，争取业务指导，提高处理实际账务问题的能力。平时工作中，正确处理与领导、同事的关系，争取得到领导的信任……

从小欣制定的计划中，你学习到了什么?

知识目标：针对个人职业发展短期目标，制定具体的措施，落实行动计划。

任务一 任务实施

运用SWOT法分析现状

在职业生涯规划中，措施的制定是实现目标的重要保证，一般要根据职业目标和自己的实际情况制定出可行的措施。SWOT法，可以帮助我们全面、系统地分析现状

任务描述

根据指引，运用SWOT法分析个人职业生涯现状，填写任务书Ⅰ。

任务书Ⅰ：《运用SWOT法分析现状》

<table>
<tr><th>任务</th><th>任务要求</th><th colspan="2">任务实施</th></tr>
<tr><td rowspan="4">运用SWOT法分析个人职业生涯现状</td><td rowspan="4">根据指引按步骤完成分析，填写内容要求真实、具体</td><td colspan="2">你的短期目标：________________</td></tr>
<tr><td>内部因素</td><td>外部因素</td></tr>
<tr><td>优势（S）：
____
____
____
________________</td><td>机会（O）：
____
____
____
________________</td></tr>
<tr><td>劣势（W）：
____
____
____
____
________________</td><td>威胁（T）：
____
____
____
____
________________</td></tr>
<tr><td></td><td></td><td colspan="2">温馨提示：如何对上述内容进行分析可以参考“任务分析”中相关内容。</td></tr>
</table>

任务二 任务实施

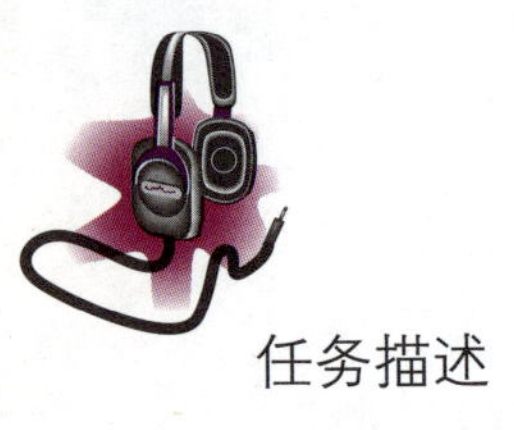

任务描述

制定发展措施

通过SWOT分析法，我们对自身优劣势、实现目标的机会与威胁有了较清晰的认知，下面，尝试针对任务一的分析结果制定实现近期目标的发展措施。

针对个人现状分析的结果制定实现近期目标的发展措施，填写任务书Ⅱ。

任务书Ⅱ：《制定发展措施》

<table>
<tr><th>任务</th><th>任务要求</th><th>任务实施</th></tr>
<tr><td>制定发展措施</td><td>针对任务一的分析结果，制定实现近期目标的发展措施，要求具有可行性、有效性和针对性</td><td>◆ 回顾分析结果
你的近期目标：____________
<table><tr><th>内部因素</th><th>外部因素</th></tr><tr><td>优势（S）：</td><td>机会（O）：</td></tr><tr><td>劣势（W）：</td><td>威胁（T）：</td></tr></table>◆ 将分析结果进行匹配
1. 优势—机会（SO），你的优势是否能帮助自己抓住机会？
□是　　□否
如选是，你将如何发挥优势以抓住机会？如选否，你打算怎么做？
★____________
____
____
____
____
____
____
____
____
____________</td></tr>
</table>

<table>
<tr><th>任务</th><th>任务要求</th><th>任务实施</th></tr>
<tr><td>制定发展措施</td><td>针对任务一的分析结果，制定实现近期目标的发展措施，要求具有可行性、有效性和针对性</td><td>2. 优势—威胁（ST）：你的优势是否能克服外部威胁？
□是　□否
如选是，你将如何利用自身优势克服威胁？甚至使威胁转化为机遇？如选否，你打算怎么做？
★______
______
______
______
______
3. 劣势—机会（WO）：你的某些劣势是否会阻碍你抓住机会？
□是　□否
如选是，你将如何弥补自身劣势来抓住机遇？如选否，你将如何利用外部机遇来弥补自身劣势？
★______
______
______
______
______
4. 劣势—威胁（WT）：外部有威胁，自身也存在劣势。
如何逐步克服自己的劣势？如何在威胁中挖掘机会？
★______
______
______
______
______</td></tr>
<tr><td>师生总结</td><td colspan="2"></td></tr>
</table>

任务三 任务实施

任务描述

落实行动计划

制定措施后，必须落实行动计划，确定三大要素：时间、任务和标准。即要考虑为了实现既定目标，应该去完成什么任务，何时完成，达到什么标准才算完成等。

比如，小叶同学为了加深对孔子的了解，决定今年寒假读完《论语心得》，熟悉书中人物关系，熟记孔子的一些名言，并写出3000字左右介绍孔子的文章。这就是她的行动计划。时间：今年寒假；任务：读《论语心得》，写出3000字左右的介绍孔子的文章；标准：熟悉书中人物关系，熟记孔子的一些名言。

你们也来具体落实实现短期目标的行动计划吧！

根据任务二制定的各项措施，落实实现短期目标的行动计划，填写任务书Ⅲ。

任务书Ⅲ：《落实行动计划》

<table>
<tr><th>任务</th><th>任务要求</th><th colspan="4">任务实施</th></tr>
<tr><td rowspan="6">落实行动计划</td><td rowspan="6">根据任务二制定的各项措施，落实具体、可行、针对性强的行动计划</td><td colspan="4">短期目标：</td></tr>
<tr><td>完成时间</td><td>任务</td><td>标准</td><td>方法</td></tr>
<tr><td></td><td></td><td></td><td></td></tr>
<tr><td></td><td></td><td></td><td></td></tr>
<tr><td></td><td></td><td></td><td></td></tr>
<tr><td></td><td></td><td></td><td></td></tr>
<tr><td>师生总结</td><td colspan="5"></td></tr>
</table>

任务四　任务实施

任务描述

测试行动决心

是否已经迫不及待执行计划了？如果是，说明你获得了成长的动力。但是一个行动计划的成功仅有动力是不够的，还需要有行动的决心。在开始行动前先来审视一下自己是否有足够的决心。

请根据《行动决心测试表》，结合实际情况，评估自己各个项目的得分，计算出总分后查看相应测试结果。

测试你是否有足够的决心完成计划，填写任务书Ⅳ。

行动决心测试表

评估项目	5分	4分	3分	2分	1分
你最亲近的人支持你的程度如何	非常支持	支持	一般	反对	坚决反对
这个计划有多少成分来自你内心	100%	80%	60%	40%	20%
这个计划对你的重要程度如何	100%	80%	60%	40%	20%
这个计划与你其他重要目标有冲突吗	没有	一点	有些	很大	极大
如果遇到重大困难你会放弃吗	一定不会	不会	不好说	也许	会
你愿意为这个计划作出牺牲吗	当然	尽量做	不好说	一般不会	不会
这个计划符合你的价值观吗	非常符合	符合	不矛盾	有冲突	很大冲突

结果分析：

如果总得分小于21分，你最好放弃你的计划，因为你的决心不足以支撑你完成该计划；如总得分小于28分，你应该再想一想你的计划，不用着急行动；如果总得分超过30分，你还等什么，马上行动吧！

任务书Ⅳ：《测试行动决心》

任务	任务要求	任务实施
测试你的行动决心	完成测试题，谈谈你的想法	◆ 你的测试总得分是： ◆ 结果分析显示： ______ ◆ 你如结果分析所说那样吗？ ______ ◆ 如果你还没有足够的决心去完成该计划，问题出在哪里？如何调整？ ______ ______
师生总结		

我的放大镜

知识点一：SWOT分析法概述

SWOT分析是优势、劣势、机会、威胁分析的英文缩写，是求职者进行职业生涯规划和求职竞争必须做的一项基础性工作。求职者在对自己拥有的优势、存在的劣势进行分析时，发现自己求职取胜的机会和可能面对的威胁。实际上，在求职竞争中求职者面临的情况变化莫测，竞争状况难以事前准确预测，求职的优势、劣势相伴而生，机会与威胁相互转化，求职成功与否关键在于求职者能否真正把握和利用自己的优势或相对优势，克服不利的外部因素和自身不足，抓住有利的因素和有利的时机，及时发现潜在威胁，最大限度地扬长避短，抓住机会，发挥优势，打动招聘官。SWOT分析是一种充分认识自我，分析错综复杂、相互交错的竞争因素的系统方法，旨在对求职者的优势、劣势、机会、威胁等问题进行结构性分析，为竞争策略和竞争方式的制定提供基础性的分析资料。

知识点二：用SWOT分析法实施步骤

1. 评估自己的优势和劣势

优势（S）：指个体可控并可利用的内在积极因素。优势主要包括：

- 工作经验丰富
- 教育背景良好
- 丰富的专业知识和技能
- 卓越的沟通、团队合作、领导能力等技巧
- 良好职业道德、自我约束、创造性、乐观等人格特质

◆ 广泛的个人关系网络

◆ 其他

劣势（W）：指个体可控并努力改善的内在消极因素。劣势主要包括：

◆ 缺乏工作经验

◆ 学习成绩差，专业不对口

◆ 缺乏目标，自我认识和对工作的认识都十分不足

◆ 专业知识薄弱

◆ 较差的领导能力、人际交往能力、沟通能力和团队合作能力

◆ 职业道德败坏、缺乏自律能力等负面的人格特征

◆ 其他

2. 找出自己的职业机会和威胁

机会（O）：指个体不可控但可以利用的外部积极因素。机会主要包括：

◆ 就业机会增加

◆ 再教育的机会

◆ 专业领域急需人才

◆ 专业晋升的机会

◆ 专业发展带来的机会

◆ 职业道路选择带来的独特机会

◆ 地理位置的优势

◆ 强大的关系网络

◆ 其他

威胁（T）：指个体不可控但可以使其弱化的外部消极因素。威胁主要包括：

◆ 就业机会减少

◆ 由同专业的毕业生带来竞争

◆ 具有丰富技能、经验、知识的竞争者

◆ 拥有较好的寻找工作技巧的竞争者

◆ 缺少培训、再学习造成的职业发展障碍

◆ 工作晋升机会十分有限或者竞争激烈

◆ 专业领域发展有限

◆ 公司不再招聘与自己同等学力或专业的员工

◆ 其他

知识点三：制定发展措施的要领和思路

（1）制定措施的要领：具体性、可行性、针对性。

（2）制定措施的思路：①明确“近细远粗”的思路；②针对“三个方面”的思路；③找准“弥补差距”的思路。

知识点四：落实行动计划的三个要素

落实行动计划的三个要素是：时间、任务、标准。

我的记事本

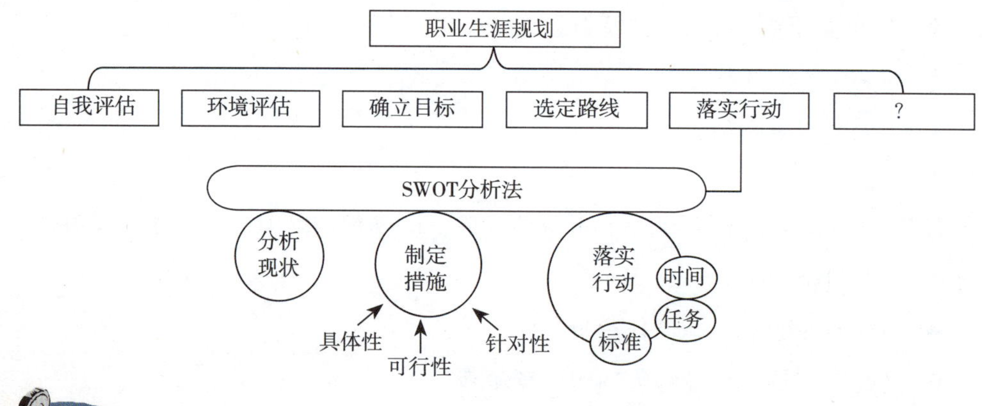

我的储蓄罐

在校期间的主要任务

不同的学习阶段有不同的特点，同学们可以根据这些特点设定主要任务，制定相应的计划，采取有效的措施。

试探期

在这一阶段应尽快进入学习和生活角色：①认真阅读学生手册，了解相关规定；②主动了解自己的专业性质和特点，以及将来就业的优劣势，在现实可能的基础之上，根据自身的实际和特点，对未来职业生涯进行规划和构想；③要初步了解职业，特别是自己未来想从事的职业或自己所学专业对口的职业，提高人际沟通能力（可包括多和师哥师姐们进行交流，尤其是多向即将毕业的同学和已经毕业的校友询问就业情况）；④认真学习职业素养基础课，为学习专业课作好准备。⑤课外多参与学校活动，提升交流技巧。

积累期

这一阶段应加强锻炼，努力学习专业知识，提升专业技能，提高自身的综合素质，为未来就业积累资本。可通过参加学生会或社团等组织，锻炼自己的各种能力，同时检验自己的知识技能；可以开始尝试兼职、社会实践活动，并要具有持久性，最好能在课后长时间从事与自己未来职业或本专业有关的工作，增强自己的责任感、主动性和受挫能力；开始考取专业相关等级证书。这些都有助于提高自己的能力，从某种意义上说，能力比知识更重要，只有将合理的知识结构和社会需要的各种能力统一起来，才能立于不败之地。

冲刺期

同学们在掌握专业知识与技能的同时，应了解实际应用这些知识与技能的规则并避免失误，更好地了解真实的职业世界，挖掘职业潜能。临近毕业，目标应锁定在提高求职技能、搜集公司信息并确定自己是否要继续求学。假期可参加和专业有关的工作，和同学交流求职的心得体会，学习写简历、求职信，搜集工作信息并积极尝试求职；加入校友网络，和已经毕业的校友、在校的师哥师姐谈话，了解往年的求职情况。

分化期

这个阶段要充分利用毕业实习机会，发现并弥补知识和能力方面的不足，掌握就业信息，学习求职要领和面试技巧。这个时候目标应该锁定于工作申请及成功就业。这时，可对几年来的准备作一个总结，首先检验自己已确立的职业目标是否明确，准备是否充分，调整自己的职业规划；其次，开始毕业后的工作申请，积极参加招聘活动，在实践中校验自己的积累和准备；最后，预习或模拟面试。积极利用学校提供的条件，了解就业指导中心提供的用人单位资料信息，强化求职技巧，进行模拟面试等训练，尽可能地在作出较为充分准备的情况下进行施展演练。

你言我语

《任务完成评价表》

班级 ______ 组长 ______ 组员 ______

___年___月___日

今天，在课堂上： 1. 我们新学了____ ____ ____； 还未弄懂的地方是____ ____ ____。
2. 我最感兴趣的地方是____ ____ ____； 我表现最棒的地方是____ ____ ____。
3. 在小组协作、讨论中，对小组有最大贡献的同学是________________________ ____ ____。
4. 老师和其他同学给我们的评语是____ ____ ____； 我们今后需要改进的地方是____ ____ ____。
5. 关于这部分内容，我们还有一些自己的想法，希望老师知道的是________________ ____ ____。

她是如何做的

回顾本项目“任务布置”中关于小欣作职业规划的案例，我们可以发现，小欣的成功绝非偶然。

小欣的计划表

<table>
<tr><th colspan="2">时间</th><th>任务</th><th>标准</th><th>方法</th></tr>
<tr><td rowspan="4">在校期间</td><td>一年级</td><td></td><td></td><td></td></tr>
<tr><td>二年级</td><td></td><td></td><td></td></tr>
<tr><td>课余</td><td></td><td></td><td></td></tr>
<tr><td>周末</td><td></td><td></td><td></td></tr>
<tr><td rowspan="2">毕业后</td><td>处理业务时</td><td></td><td></td><td></td></tr>
<tr><td>平时工作中</td><td></td><td></td><td></td></tr>
</table>

她是怎样做到的呢？请详细学习并分析她制定的措施计划，并从中得到一些启发。

____
____
____
____
____
____

"我的行动计划"分享会

通过完成本节课的任务，同学们都已制定好自己的职业生涯发展措施计划。快来和其他同学交流分享吧，通过交流集思广益，从而能更好地修改、补充自己的计划，同时，同学之间还可以约定互相督促措施计划的落实和完成。

我的收获：＿＿＿＿＿＿＿＿＿＿＿＿＿＿＿＿＿＿＿＿＿＿＿＿

把这节课所制定的个人职业生涯发展措施计划写在大卡纸上，制作成“行动备忘录”，贴在书桌上，鞭策自己、监督自己。

茫茫的职业生涯，如果没有规划，目标不清晰，就好像在漆黑的深夜里前行。当你踏上职业生涯之际，请不要忘记带上设计好的“职业蓝图”，为茫茫生涯指明出路。也许人生不能计划永远，但能永远地计划着，以预待行，以变应变。

专题三

调整职业规划

有一位哲学家曾说过：命运的变化犹如月之圆缺，但这对智者来说不会有妨害。

在职业生涯之路上，你也会遇上诸多可测和不可测的变化，学会适时调整自己的职业生涯规划才是良策。

不要让变化阻碍脚步，不要让往事成为遗憾，当一名职业生涯上的智者。

情景一

被遗留的钥匙

有一对兄弟，有一天他们出去爬山然后一起回家。十分疲惫、身背重包的他们接到一个坏消息：大楼停电了，不得不爬楼梯上位于八十楼的家。两兄弟于是一起爬上去。

到了二十楼的时候，哥哥告诉弟弟：背包太重了，把它放在二十楼，我们爬上去，明天再下来拿。

弟弟说：好。

于是他们就把背包放在二十楼，继续往上爬。

到了四十楼，弟弟开始抱怨，于是就跟哥哥吵起来了。

他们边吵边爬，爬到了六十楼，哥哥就对弟弟说：只剩二十层楼了，我们不要吵了，默默地爬完它吧！

于是他们就各走各的，终于到了家门口。

哥哥就摆出了很帅的姿势说：弟弟开门。

弟弟对哥哥说：别闹了，钥匙不是在你那儿嘛。

结果，他们把钥匙留在二十楼的背包里了。

这个故事其实在反映我们的人生，有很多人在二十岁以前是活在家人的期望和老师的期许之下，背负着很多的压力。在二十岁之后离开了众人的压力，怀着满腔的热血，开始有了很多想要完成的梦想。可是工作了二十年后，开始发觉工作并不如意……于是就开始抱怨老板、抱怨公司、抱怨社会、抱怨政府。就在这抱怨中又度过了二十年。于是告诉自己，六十岁了没什么好抱怨的了，就默默地走完自己剩下的岁月吧！到了八十岁，才想起自己好像有什么事还没完成……

原来，二十岁的梦想还没有完成。留下一堆遗憾。

在变幻无常的职业生涯里，我们该如何调整自己前进的步伐，更好、更顺利地走好每段路呢?

情景二

迅速调整，收获成功

小张，某大专物流专业的毕业生，在校期间先后担任班团支书、校团委组织部部长，热衷于学生工作和社会服务，培养了较强的组织能力和团队合作能力，是得力的学生干部。但她的学科成绩并不优秀，尤其是文化课基础薄弱，同时她也不太想从事物流行业。经过权衡，她决定考本科，报读人力资源管理专业，期望通过本科学习，培养更好的组织管理能力，向事业单位进军。为此她制定复习应考计划，并认真落实。可是，在当年的成人高考中，小张考场发挥失意，未能顺利考上本科。面对失败的事实，她并没有哀叹和后悔，而是迅速调整规划，收复状态，全身心投入到紧张的求职队伍中，把握接下来的求职机会。最终，她成功被一家文化传播公司录取。

考试落榜后，小张并没有陷入失意的关键是什么?

知识目标： 树立调整职业生涯规划的意识，制定个人职业生涯规划调整方案。

任务一

任务实施

看准调整的最佳时机

“计划永远赶不上变化”，许多案例告诉我们，要获得职业成功，就必须适时、适法地对职业生涯规划进行评估和调整。你认为调整规划的必要性表现在哪里？什么时候进行调整才是最好的时机？如何判别和把握？与组内成员讨论你的见解，讨论后小组各派一名代表与全班同学交流观点。

任务描述

分组讨论，派代表与全班同学交流观点。完成任务书Ⅰ。

任务书I：《看准调整的最佳时机》

任务	任务要求	任务实施
看准调整的最佳时机	谈谈你对调整职业生涯规划时机的想法	1. 你认为为什么要对规划进行调整？有什么必要性？ ____________________ ____________________ ____________________ ____________________ 2. 你认为调整规划的最佳时机是什么？为什么？ ____________________ ____________________ ____________________ ____________________ ____________________
师生总结		

旅游的意外

任务二 任务实施

任务描述

某年冬天，你利用五天的假期和朋友们约好一起出游，很糟糕的是你所乘搭的航班因恶劣天气而迫降在一个森林中，救援队估计两天后来到，幸运的是飞机上的人全部平安无事。原定的计划眼看就要泡汤了，你必须作出调整，这时你会怎样考虑呢？完成任务的同时，思考一下对如何调整职业生涯规划这一问题有何启发？

依照任务书Ⅱ的提示，开展小组讨论，对本次旅游计划作出调整。

任务书Ⅱ：《旅游的意外》

任务	任务要求	任务实施
调整旅游计划	根据情境提示，充分考虑各方面因素，对你的旅游计划作出调整，并与全班同学分享	Step1：量己力——我能做什么？ ________________ Step2：衡外情——目前状况如何？ ________________ Step3：定目标——是否坚持原来的目标，还是作修正？ ________________ ________________ Step4：选策略——我将要怎么做？ ________________ ________________
	总结提炼知识迁移	其实我们进行职业生涯规划也是这样，遇到不可测的变化时需要马上作出调整。请从上面任务中悟出调整计划的方法和步骤，应用到职业规划上来。填写下图： 调整规划 ↓ 量己力—— ↓ 衡外情—— ↓ 定目标—— ↓ 选策略—— ↓ 付诸实践 实现目标
师生总结		

落实职业规划调整方案

任务三 任务实施

有想法更要有办法，掌握了调整职业规划的方法步骤后，就要落实调整方案，这也是一个完整的职业生涯规划中不可缺少的环节。请同学们认真思考自己的职业生涯规划调整方案。

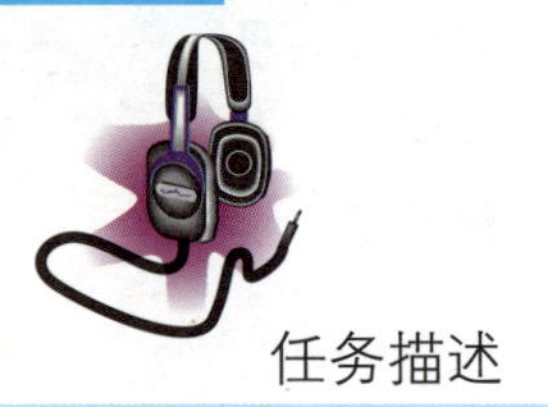

任务描述

认真思考，完成任务书Ⅲ。

任务书Ⅲ：《落实职业规划调整方案》

任务	任务要求	任务实施
落实职业规划调整方案	深思熟虑 认真填写	◆你打算多长时间对自己的职业生涯规划作一次评估调整？ □ 半年　□ 一年　□ 三年 □ 其他：________ ◆ 出现什么情况你会重新选择职业？ □ 就职单位倒闭　□ 能再晋升　□ 与人生目标出现分歧 □ 其他情况：________ ◆ 什么情况下你会调整职业发展方向？ □ 已不适应客观现状　□ 已不是所追求的　□ 遇到更好的机遇 □ 其他情况：________ ◆ 什么情况下你会调整行动策略？ □ 实施久未达到的目标　□ 已不适应客观现状　□ 找到更好的策略 □ 其他情况：________
师生总结		

我的放大镜

知识点一：势在必行——调整职业生涯规划的必要性

1. 应对外部条件变化的需要

职业生涯发展目标的实现，需要发展条件的保证。有些外部条件的变化，从业者个人往往难以掌控。在外部条件变化导致职业生涯发展目标难以实现是，必须及时调整近期目标和发展措施，甚至调整长远目标。职业院校学生职业生涯发展外部条件的变化，可能是就业市场需求的变化和由学校到企业环境的转换。

2. 适应自身素质变化的需要

处于成长期的青年人变化明显，学生在校学习期间会在品德、行为习惯、知识、技能、阅历、价值观、性格、身体条件等很多方面发生变化，这些变化可能导致阶段目标甚至长远目标需要修正，相应地也需要调整发展措施。

知识点二：机不可失——调整职业生涯规划的时机

1. 判别调整的时机

通常职业生涯规划调整的最佳时期：毕业前夕；工作后3～5年。

调整内容：可以是近期目标的调整，也可以是长远目标或职业生涯发展路线的调整。

毕业前夕的调整原因：第一是制定职业规划时，对实际了解得不够；第二是随时间的推移，环境和本人都发生了较大的变化；第三，自己还没完成从“学校人”到“职业人”的角色转换。

工作后3～5年的调整：一是初入社会，很难一下找到适合自己的职业；二是适应自己的职业需要在实践中检验，在校时设计的职业生涯规划缺乏实践检验；三是这一时期已经有一段从业经历，对社会、人生有了切身体验和认识，对职业生涯发展有了新的追求。

2. 把握好最佳调整时机

职业生涯规划的最佳调整时机是职业生涯的前五年，在这五年里要完成以下任务：

如果顺利适应职业，完成角色转换，在本行业内站稳脚跟并开始晋升，就应坚持原定的发展方向，进一步完善原有的发展措施。

在职业实践中，如果发现原定规划与实际不符，就应重新审视自己，重新分析发展环境，修正发展目标，甚至调换发展方向。

知识点三：有想法更有办法——调整职业生涯规划的方法

1. 重新评估自身条件

回答：我能干什么？能干好什么？

没有实践经验的学生：先分析发展条件，后确定发展目标。

有求职或从业实践经验的学生：应确定发展目标，再重新评估当前自身条件。

2. 重新评估环境条件

回答：什么可以干？

对求职或从业环境进行再分析，评估自己职业生涯的机遇和障碍因素，包括所从事职业在当前与未来社会中的地位、社会发展对自身发展的影响、自己所在企业的内外部环境、个人的人际关系等。

3. 修正目标

回答：我为什么干？

修正目标包括职业方向的重新选择、职业生涯路线的选择、阶段目标的修正。

4. 变更措施计划

回答：我要怎么干？

变更措施计划包括实施措施和计划的变更，落实行动。

5. 设定评估频率

回答：每隔多长时间进行一次评估调整？

一般情况下，一年做一次小调整，根据年度计划的完成情况积极修正和核查阶段目标和策略。

在特殊情况下，如职位变更或者职业变更时期，随时评估并进行相应调整。

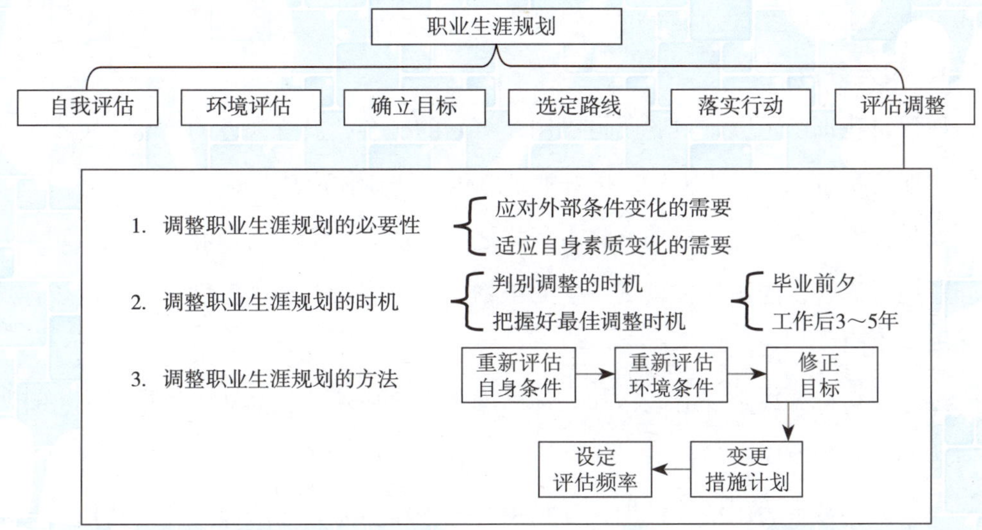

哈佛社会科学研究院斯密斯·金教授的
《职业生涯中的人生规划》讲座发言稿（节选）

女士们先生们：

上午好！

很高兴来到这里，来到这个充满灵气的人间智慧殿堂，和大家探讨一个现实的话题。还记得我在剑桥大学讲过“大学生的人生规划和职业生涯”，同学们反响很强烈，今天，我们还是就这个话题谈下去吧。

首先，我们探讨一下如何描绘自己生命的蓝图。你对于生命的期望是什么？你对自己有多高的期望值？我们一定得依照各个目标对你的重要性，将它们依序排列好好思考，作出坚定的抉择，以此作为你的人生蓝图。

你如果小时家境不佳，学习意愿也得不到满足，参加工作后又时常受挫，你就会痛下决心要成功。那就是——我必须学会成功。有人以为学习一技之长就能成功，其实技术只是一小部分——当然是必要的一部分。成功是百分之九十的自我训练和自我意象，以及百分之十的工作技巧。

1. 设定好目标

如果自我训练不够，再聪明也没用；再好的机会，没有大方的仪态，也不会属于你；如自我意象是垂头丧气，再好的训练也无法让你成功。

如果你能两者并重，成功终将有降临之日。那时你会左右逢源，一帆风顺，一切问题迎刃而解，经历使你改变一生的事物。如果你持有这种态度，就开启了你成功的第一扇门。

设定好目标，决定好方向；如果你已准备好要成功，就会达到目标。你会计划如何达到它；学习应有的技术，你会得到一切该具备的能力。

我们大多数会为旅游作计划，却难得有人为漫漫人生花心思计划。我们总是临渴掘井、亡羊补牢，从不未雨绸缪，等到休职丢官，才穷于应变。

从现在起，每月写下你的生命计划。或视需要情形天天温习这些计划，让成功的印象更鲜明。至少每年修订一次，以适应你的水准提升和兴趣的转移。

此刻就动手写吧！万事开头难，不妨从最容易达到的目标开始。写下你五年之后，会是什么身份地位，然后逐日修改并增添细节。

2. 人生大计不能中断

人生大计不能中断，特别是退休之后，仍然要定期修订。如果你并非从事你所爱的事业，就在计划中列出一段时间，让自己做一些喜欢做的事。

只有人生大计会使你生活得更有目标，更有使命感，而且更能把握每一刻无价的光阴。要达到目标很容易，困难在于设定实际的目标，而且它能一直持续活跃于你的生活中。

许多人第一步成功之后，因忙碌而无法再充实进步、提高他们的能力和水准。

应为你初步目标下明确的定义；在下一步骤加上详细的描述；当目标全部设定完成，每天早上复习一次，加以想象。

不具激发性的目标，永远无法达成。也就是说，不具激发性的目标，不足以成为理想。随时矫正自己的目标，让它跟紧最新的念头。

有许多目标你可以达成，有些则只能完成一部分，还有些无法达到，因为它和其他目标相冲突。果真如此，放弃这些无益的目标，千万别犹豫。

困难的目标，激发你的能力，随时保持这种高昂的斗志。当光明开始明灭不定时，检视和提高你设定的目标——不具激发性的目标，比没价值的目标更糟。

为目标下定义，不断修正，相信它会实现——成果就这样出现了。任何人都能完成他们所想的。你也是一样。但第一步，你必须知道这伟大的成就是什么；下一步就是设计许多能令你保持高昂情绪的小目标，让它们逐步引导你迈向成功。

3. 按部就班地计划每一天

每天的选择、实行、优先顺序的了解，对你大有助益。确信自己的努力没有白费，而且要求事半功倍。谨慎而自觉地决定事情先后，一般人从不这样做。他们只是任性而为，随波逐流。他们是基于恐惧，气愤的报复——而非为了活得更好而努力；他们不求提高效率，而周旋于私人党派或政治成功的梦想，幻化为泡影。

了解自己的需要和如何得到自己所想的，明了这些事情的轻重缓急，你可以按部就班地计划自己的一天。

理论上每天晚上安排计划，第二天实行；实际上，你随时都可能修订你的计划表。你知道先做哪一项。

作为一名成功的寻觅者，你对于“生命的期望是什么”要了然于胸。你必须依照各个目标对你的重要性，将它们依序排列。好好思考、坚定抉择，以此作为你的人生蓝图。

除了闲谈时我们会偶尔提起自己真的想做什么，平常我们总是谈到义务、开心的事和责任。如果从此刻起，改变这种谈话习惯，正面思维能帮我们扭转乾坤，修正谈话、思考内容，可以向成功迈进一大步。

你言我语

《任务完成评价表》

班级 ______ 组长 ______ 组员 ______

____年____月____日

今天，在课堂上： 1. 我们新学了______________________； 还未弄懂的地方是______________________。
2. 我们最感兴趣的地方是______________________； 我表现最棒的地方是______________________。
3. 在小组协作、讨论中，对小组有最大贡献的同学是______________________。
4. 老师和其他同学给我们的评语是______________________； 我们今后需要改进的地方是______________________。
5. 关于这部分内容，我们还有一些自己的想法，希望老师知道的是______________________ ______________________。

我思我想

著名文学家雨果先生说过：“进步，意味着目标不断前移，阶段不断更新，它的视野总是不断变化的。”结合这节课学到的知识，谈谈你对这句话的看法。

____

____

____

____

____

____

____

____

面对形形色色的改变，不同的人会有截然不同的态度，你能随时随地适应改变吗？下面的15个问题，测试你的应变能力，帮助你了解目前的生活状态以及你是否害怕变化。回答的时候要相信你的第一感觉，并且要记得：你的回答越真诚，测试结果对你的帮助就越大。

1. 面对某个改变，你感觉最困难的事情是：

A. 想出最好的改变方案和作出改变的决定

B. 努力将设定好的改变方案付诸实施

C. 保持改变后的状态，不再回到过去的旧习惯

D. 力图让变化简单，不令其复杂化

2. 当你结束了一段感情，你觉得最困难的是：

A. 决定什么时候结束，找到把“分手”说出来的方法

B. 随后带来的痛苦

C. 试图挽回感情的时候

D. 以后不再犯同样的错误

3. 如果为自己作一个关于变化的总结，你觉得：

A. 曾经反复变化，努力地寻找自己，失去了一些东西，但改变之后仍保留着自我的特点

B. 走自己的道路，忠于自己

C. 曾经希望改变，但是最终还是同样一个人，没有变化

D. 改变了很多，已经不再认识那个从前的自己了

4. 当你对工作不满意的时候：

A. 会主动寻找，已经换过好几次工作了

B. 虽然经常抱怨，但是仍然维持现状

C. 会看一些招聘广告，但是却犹豫着不去尝试。会投递一些简历，参加一些面试，但最终并没有换工作

5. 你是否会选择学习瑜伽或者某项其他课程，以改善自己的身体状况：

A. 只要觉得需要就会付诸实践

B. 尝试过，但是一段时间后就放弃了

C. 经常想，但从未实践过

D. 这样做了，而且现在已成为我生活的一部分

6. 你是否希望改变自己的一些小习惯：

A. 不会浪费太多的时间去与小习惯作斗争，无论如何，它是我个性的一部分

B. 似乎没有什么想改变的小习惯

C. 虽然不愿意别人发现这些小习惯，但是自己却挺喜欢它的，不打算改变

D. 力图改变，却很难从中解脱出来，改变一段时间后，很快又恢复原样

7. 你表现悲观情绪的方式是：

A. 所有的成功都无需欢喜，因为一旦停止努力，一切又回到起点

B. 没有太多的希望，因为生活总是失望大于希望

C. 相当多的人都不喜欢事情改变的过程，因此我也不会去改变什么

D. 其实没必要悲观，因为如果我们只顾着问自己为什么，而不是去着手做事，结果当然是什么都不会改变

8. 爱人建议你改变睡觉的位置，从左边换到右边，你会：

A. 我经常这样做，这种小的改变很容易而且很有趣

B. 我会拒绝，这种改变很弱智，我为什么要这样做

C. 这让我很高兴，为什么不呢？但不是今天晚上，我太累了

D. 不行，我已经试过了，我睡得不好

9. 一个你自己清楚或者其他人经常谴责你的缺点是：

A. 不自信

B. 缺乏预见性

C. 悲观主义

D. 总是后悔

10. 当你的衣橱已经满了，你是否会清理衣橱：

A. 我会定期这样做，但是真正扔的时候，我会留下一半

B. 可能应该这么做，但我总是推到第二天才这么做

C. 不行！这是我生命的一部分，记录了我很多有纪念意义的时刻

D. 我每年都这么做，虽然惋惜，但是那个满满的衣柜更让我发愁

11. 你是否愿意结交新朋友：

A. 我应该参加更多的社交活动以便遇到一些新朋友

B. 我需要这样，因为老是和同样的朋友在一起我会觉得乏味

C. 我更喜欢那些长久的友谊，很可信

D. 我结交了一些新朋友，但是最终我还是选择跟老朋友们在一起

12. 你自认为最缺乏的能力：

A. 稳定性

B. 恒心

C. 想象力

D. 胆量

13. 当你外出去餐厅吃饭的时候，你喜欢：

A. 总是去一家餐厅要同样的菜

B. 我对不了解的菜会提出很多问题，但是最后我通常要点我经常吃的食物

C. 我会尝试一些新菜，但是经常感觉失望

D. 我请服务员替我挑选

14. 你是否产生过改变家里某个一成不变的惯例的念头，例如春节不留在父母家，而是出门旅游：

A. 我试过提出这种想法，但引起了家人的不快，最后我放弃了

B. 我不想这么做了，因为上次的结果导致了家庭矛盾

C. 从来就没这么想过

D. 我不知道如何告诉家人这个决定

15. 你对搬家持什么样的态度：

A. 我喜欢

B. 我总是很难习惯新地方

C. 我讨厌搬家

D. 我不喜欢离开，但是喜欢到达

根据你的答案，计算你的分数。把他们加在一起得到一个总分，这个分数能够评估出你对改变的抵制程度。

1	A（3）	B（2）	C（1）	D（0）
2	A（2）	B（3）	C（1）	D（0）
3	A（1）	B（3）	C（1）	D（0）
4	A（0）	B（3）	C（2）	
5	A（3）	B（1）	C（2）	D（0）
6	A（3）	B（0）	C（2）	D（1）
7	A（1）	B（3）	C（2）	D（0）
8	A（0）	B（3）	C（2）	D（1）
9	A（2）	B（0）	C（3）	D（1）
10	A（1）	B（2）	C（3）	D（0）
11	A（2）	B（0）	C（3）	D（1）
12	A（0）	B（1）	C（3）	D（2）
13	A（3）	B（2）	C（1）	D（0）
14	A（1）	B（0）	C（3）	D（2）
15	A（0）	B（1）	C（3）	D（2）

0～12分：你对变化几乎没有任何抵制情绪。变化对于你来说很容易，甚至是自然而然的，总能令你高兴，但有的时候，你周围的人很难追随你。

13～25分：你对变化有点抵制。想改变时，你有时会遇到一些困难，但是你知道必须付出一定努力才能获得好的结果。

26～40分：你对变化有很强的抵制情绪。有时候，为了克服这些阻力，你需要付出艰苦的努力。

>40分：你一直原地踏步。改变的想法对于你来说太陌生了，甚至一些很小的变化也会搅乱你的生活。

找一位经历丰富的长辈聊聊，了解他的职业生涯中经历过重大转折吗？有过及时抓住机会或错失良机进行调整的情况吗？

如果你改变不了过去，请你改变你的现在！
如果你改变不了事实，请你改变你的态度！
如果你改变不了别人，请你改变你自己！
命运在你自己手中，路就在你的脚下，
一步一脚印，规划精彩人生！

实训工场

撰写职业生涯规划书

实训题目：

以下是一篇完整职业生涯规划书的提纲，请运用相关知识，结合自身实际情况，撰写一份职业生涯规划书。

第一部分 自我认识

1. 职业兴趣——我喜欢从事什么工作
2. 职业能力——我能干什么工作，优势是什么，劣势是什么
3. 职业价值观——找工作时我最看重什么
4. 性格——我适合干什么工作

第二部分 环境分析

1. 家庭环境分析（经济状况、家人期望及对本人的影响等）
2. 企业环境分析（如单位类型、企业文化、行业地位、产品服务及员工素质等）
3. 行业环境分析（如行业现状及发展趋势等）
4. 社会环境分析（如就业形势、就业压力、就业有利条件、就业制度和方针等）

第三部分 职业目标和发展路线

1. 职业目标（近期目标、中期目标、远期目标）
2. 发展路线（走什么路线，具体路径如何）

第四部分 发展措施与行动计划

1. 发展措施（针对现状制定措施）
2. 行动计划（落实时间、任务、完成标准和方法）

第五部分 评估调整

1. 自身条件评估
2. 环境条件评估
3. 目标修正
4. 变更措施计划
5. 设定评估频率

________的______年职业生涯规划书

后　记

通过进行职业生涯规划，我的收获是：

职业生涯规划评价表

自我评价	
小组评价	
教师评价	

参 考 文 献

[1] 徐本洲，罗京宁. 就业与创业指导[M]. 北京：电子工业出版社，2009.

[2] 蒋乃平. 职业生涯规划[M]. 北京：高等教育出版社，2009.

[3] 杜爱玲，蒋乃平. 职业生涯设计学习指导[M]. 北京：高等教育出版社，2007.

[4] 广州市职业技术教研室. 职业生涯规划[M]. 北京：中国劳动社会保障出版社，2011.

[5] 周骏林，黎嘉莉. 我的职业成长手册[M]. 北京：机械工业出版社，2011.

[6] 陈德明，祁金利. 大学生生涯规划与管理[M]. 北京：高等教育出版社，2008.

[7] 陈建. 职业生涯规划[M]. 北京：北京理工大学出版社，2011.

[8] 周文霞. 职业生涯管理[M]. 上海：复旦大学出版社，2006.

[9] 刘红. 个人职业生涯规划与管理[M]. 上海：上海财经大学出版社，2009.